感覚づくり

概念の獲得 → 概念の活用

Date：2023年6月11，12日
Location：筑波大学附属小学校
Scene：「研究発表会」の
　　　　授業板書を例に

詳しくは，p.XX からの特集2へ。

□4年 垂直・平行，四角形

「45°に折ったとき，重なる部分の形は？」（夏坂哲志の授業）

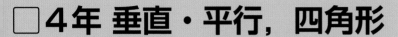
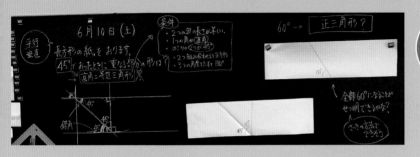

軸1
平行

平行線における錯角
の概念を獲得・活用。

□5年 図形の角

「正六角形の上に正方形を重ねてできる角度が70°のとき，〝？〟は何度になるかな？」

（盛山隆雄の授業）

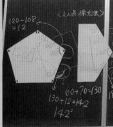
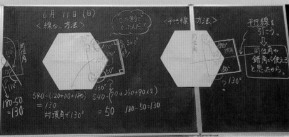

軸1
平行

並行線における
同位角の概念を活用。

□6年 円の面積

「長方形の中に，できるだけ大きな円を入れるには？」（青山尚司の授業）

軸3
合同

軸5
円

基本の形を捉え，
合同の概念を活用。

FEATURES

集団検討で学びを深める

02　**提起文**　集団検討で学びを深める　▶田中英海
04　**総論**　集団検討の価値を再考する　▶夏坂哲志
06　**教師の働きかけ**　発散を目指す集団検討　▶中田寿幸
08　**教師の働きかけ**　収束を目指す集団検討　▶盛山隆雄
10　**教師の働きかけ**　活用が生まれる集団検討　▶森本隆史
12　**教師の働きかけ**　新たな価値を生み出す集団検討　▶瀧ヶ平悠史
14　**集団づくり**　よい聞き手を育てる　▶青山尚司
16　**集団づくり**　発言のつながりが生まれる集団　▶大野　桂
18　**集団づくり**　安心して学べる教室　▶松山起也
20　**検討を深めるコツ**　意図的指名で学びは深まるのか？　▶岩本充弘
21　**検討を深めるコツ**　「いいです」「同じです」で学びは深まるのか？　▶重松優子
22　**検討を深めるコツ**　誤答やつまずきをどう生かすか？　▶西村祐太
23　**検討を深めるコツ**　予想外の発表や反応をどう生かすか？　▶志田倫明
24　**検討を深めるコツ**　引き出したい考えが出ない時はどうするか？　▶沖野谷英貞
25　**検討を深めるコツ**　考えのよさを共有できていますか？　▶二宮大樹
26　**検討を深めるコツ**　板書をどう活用するか？　▶久保田健祐
27　**実はNGワード**　「他にはありませんか？」　▶桑原麻里
28　**実はNGワード**　「共通した考えはありませんか？」　▶瀬尾駿介
29　**実はNGワード**　「はかせ(どん)はどれかな？」　▶河内麻衣子

特集2　5つの軸で編む　筑波版「図形」カリキュラム
30　5つの軸で編む　筑波版「図形」カリキュラム　▶大野　桂
34　笠井調査官から見る 筑波版「図形」カリキュラム　▶笠井健一
36　**筑波版「図形」カリキュラム**　軸1　平行　▶大野　桂
38　**筑波版「図形」カリキュラム**　軸2　直角三角形　▶青山尚司
40　**筑波版「図形」カリキュラム**　軸3　合同　▶森本隆史
42　**筑波版「図形」カリキュラム**　軸4　対称　▶中田寿幸
44　**筑波版「図形」カリキュラム**　軸5　円　▶田中英海

REGULARS

46　全国算数授業研究会　月報：実践報告　▶北島光浩
47　『算数授業研究』GGゼミ　実施報告　▶森本隆史
48　1人1台の端末でできること　▶天野翔太
49　見て，見て！　My板書　▶松田翔伍
50　思考力を育むおもしろ問題　▶浦郷　淳
51　訪ねてみたい算数スポット　▶中村　佑／永綱　彬
52　放送大・中川一史の算数授業DX 最前線　▶中川一史
54　初等教育学＜算数科＞授業づくり講座　第12回　▶田中英海

56　算数を創る子どもと教師　▶田中英海
58　互恵的に学ぶ集団を育てる学級づくり　▶青山尚司
60　発展的に考察する力を伸張する算数授業のつくり方　▶森本隆史
62　ビルドアップ型問題解決学習　▶大野　桂
64　算数的な感覚を豊かに育てる授業づくり　▶中田寿幸
66　数学的活動を通して学びに向かう力を育てる　▶盛山隆雄
68　新たな「意味づけ」を創り出す授業　▶夏坂哲志
70　算数授業情報　▶田中英海

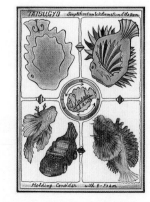

表紙解説　「4コマ造形発想／形の単純化と変形（Simplification & deformation of the form）」　八洲学園大学 特任教授　佐々木達行
　テーマの表現対象（モチーフ）例を「たつ魚」とした。「たつ魚」の原点モチーフは魚の「オコゼ」で，右下に写実的に描いた。この「オコゼ」の形の本質的な造形要素（点や線，面等）を捉えて単純化，変形したのが右上の表現例であり，さらに単純化，変形を進めたのが左上である。左下は変形と付け加えにより表現対象（モチーフ）を転換した例である。これらの4画面は，ひとつの造形発想の原点である。

体感した思いを伝えたい

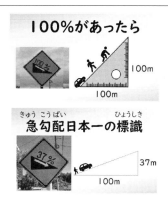

コロナ禍を終え，マスクのない夏の生活も久しぶりでした。対面の研究会も復活。熱い授業研究，協議会に胸が躍ります。先生方は夏休みどんな思い出を作ったでしょうか。

昨年度，娘の夏の自由研究で「玉川上水」を羽村取水堰から歩いてみました。玉川上水とは，江戸時代前期に多摩川の羽村から四谷までの高低差92 mの間に全長42 kmの露天掘りの上水です。一部区間は今もなお水道施設として使われ，自然の豊かな遊歩道となっています。羽村から四谷大木戸までの42 kmは1日では歩けず，暗きょうとなる30数kmを歩きました。370年もの昔，42 kmもの距離を手作業で，何度かの失敗を乗り越え8カ月というスピード工事で，江戸の人口増加の飲み水の不足を解消したのです。

水は高いところから低いところへ流れます。しかし，歩いた道のりはほぼ平坦。水は非常に緩やかな流れでした。

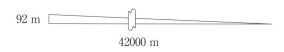

92 m

42000 m

さて，先日，筑波の朝会の出番が回ってきました。傾斜に興味が出て，私は「算数のメガネで身のまわりを見てみよう」と坂道の傾きを話題にしました。急勾配の道路標識の％は，次の写真のように100 m進んだ時に上がる高さを％で表しています。もし100％の勾配の坂があれば，それは100 m進んで100 m上がる。つまり，直角二等辺三角形の45°の角度の傾斜になります。日本一の急勾配の標識は，東京都東大和市に37％の急坂があります。およそ27°。車は通れないように柵がしてありました。その隣，坂道をなら車で登れるかなという挑戦は，車の裏をガガガと削ってしまうという惨事に。

先の玉川上水。勾配の標識で表すとすると0.219％で，1.2°〜1.3°です。370年もの昔，42 kmもの距離を手作業でおよそ1.2°の傾斜を作った当時の測量技術や作業した先人は凄いです。玉川上水，急勾配，どちらも体感するからこそ数値以上のものを熱く感じました。

左の図の直角三角形の底辺の部分は，実際には見えません。「斜面だけを見えているのでは，この％を実感するのは難しいね」と同僚から指摘をもらいました。人に伝えることで新たな見方をもらえる。話したくなるし，聞きたくなる。

本号で特集する集団検討も，自分の考えたこと，体感を伝えたいという思いが大切でしょう。友達から新たな見方がもらえるという期待感のある教室を作っていきたいと思います。

148号編集担当　田中英海

集団検討で学びを深める

田中英海

1 集団検討の価値と難しさ

算数科では，授業中盤から後半にかけて「集団検討」「比較・検討」「練り上げ」と呼び方に違いはあるものの，問題解決を進める話し合い活動を重視してきました。子ども一人一人がもっている考えや表現を引き出し，既習事項や多様な考えの中から算数の新たな知識や技能を発見したり，創り出したりすることを目指しています。子ども一人ではたどり着けないことも，友だちと知恵を出し合うことで問題を解決していきます。

とはいえ，集団検討で算数の学習内容を深めていくことは簡単ではありません。「いいです」「同じです」と友達の考えに同意するだけで意見がつながらなかったり，多様な考えは出たものの関連を見いだせずにバラバラなアイデアのまま終わったりしてしまうこともあります。そのため，教師の関わり方が非常に重要になります。「○○ちゃんの話，伝わった？もう一度お話しできる？」「○○さんの気持ち分かるかな？」など発問や指導技術を知っていても，使うタイミングが子どもとずれてしまうと授業が停滞してしまいます。教師の出る場面と子どもに委ねる場面のバランス感覚は難しいです。

他方では，お互いに学び合う集団づくりや子どもたちの人間関係も学びを深めていく一つの要因であるでしょう。

2 「はかせ」でよさを深められるのか？

子どもは何に着目して話し合っているでしょうか。解決方法や技能に焦点をあてるのか。どんな考え方を使っているのか，見方や考え方に焦点をあてるのか。どうしてそう考えたのかという発想に焦点を当てるのかで，集団検討の姿は変わってきます。

見方・考え方に着目させたり，よさに目を向けさせたりする問いかけとして，「はかせどん」「かわいい」という視点を示す指導法があります。多様な考えが出た後に，「"はかせどん"はどの考え方はどれかな？」とよさを問うのです。

は：はやい	か：かんたん
か：かんたん	わ：わかりやすい
せ：せいかく	い：いつかならった
どん：どんなときも	い：いつでもつかえる

数学的な考え方として，簡潔・明瞭・的確という算数数学のよさに関わる視点は大事ですし，既習事項とのつながりを見出したり，いつでも使える考え方なのか一般化したりしていく態度を育てることは大切です。こうした形式が子どもの見通しになれば自ら考え進

めることにもなるでしょう。

　一方で，形式的になりすぎると，他者の考え方を序列的にだけ見てしまいます。一見面倒くさい考え方の中にある価値に気付かなくなることもあります。子ども自身が分かりにくい問題を「ちょっと時間がかかるから簡単にしたいな」「分かりにくいから整理したいな」「今までと同じだね！」「数が変わってもできそうだな」というような思いを感じながらよさに気付いていく方が，問題を解決する精神が育まれるのではないでしょうか。

３ 教師が困った時に，何ができるか

　「アイ4cm，イウ□cm，ウア□cmの二等辺三角形をかきましょう」という授業をしました（裏表紙に板書を掲載）。授業のねらいは，アウ＝ウイが等辺の二等辺三角形の場合では，頂点ウが辺アイの垂直二等分線上にあることを発見することでした。しかし，□が2cmの時に二等辺三角形がかける！　かけない！とずれが生じました。想定とは違う所での，子どもの問いです。まずは子どもたちの話を一つずつ聞こうと思いました。

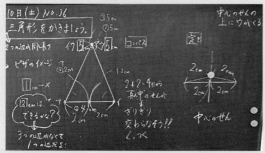

　2cmに開いたコンパスだと交わらないことは発表されたものの，「定規だと交わった」と成立しない三角形に納得はしません。予想外の子どもの反応に，授業者として正直戸惑いました。

　この授業は，3学期単元を6月に行ったため，小数や分数など1より小さい数を学習していませんでした。cmを分離量として，mmを誤差として気にしないのだろうか，作図技術の未熟さなのだろうかと教材の系統が頭によぎりました。とはいえ授業の最中にそんなこと言ってはいられません。コンパスでできないことを確かめる時間にするか，できないと言っている子に改めて説明など混沌とし，検討を深める手立てが足りませんでした。

　別日に，ジョイントバーを使って，三角形づくりをしても納得しませんでした。発達段階も踏まえた集団検討の手立ての必要性も感じました。

４ 集団検討で学びを深める

　7月のサマーフェスティバルではOB山本良和先生の授業を久しぶりに拝見しました。子どもたちだけでなく，山本先生が本当に良く笑っていました。考えや表現だけでなく，思いが交流して深まっていく心温まる授業でした。

　色々な視点がある「集団検討」について，拡散，収束，活用という方向性で整理しました。集団検討を深めるコツ，何気なく使われてきた発問，話し合いを深める集団をどのように作っていくのかについて，筑波算数部員と全国の実践家の先生方に執筆をお願いしました。本号が，教師も子どもが笑い合える集団検討の一助になれば幸いです。

集団検討の価値を再考する

「なぜ，そう考えたのか」を課題にする

夏坂哲志

1 情報や条件を整理し，確認する

授業は，集団で検討を繰り返しながら，個人と集団を行き来しながら展開されていく。

「問題把握→自力解決→練り上げ→まとめ」のように段階を決め，この流れに沿って授業が展開される場合の「練り上げ」の時間に行われる子ども同士の比較検討の場だけが集団による検討の場というわけではない。

問題提示の場面でも，集団による検討はなされる。たとえば，次のような問題を提示したとする。

> クッキーが4袋あります。これを2人で同じ数ずつ分けます。1人分のクッキーは何枚でしょうか。

この問題を見てすぐに，「先生，これじゃ答えが求められないよ」と言い出す子がいる。わかっているのはクッキーの入った袋の数で，尋ねられていることはクッキーの枚数だからである。つまり，何か他にも条件などが必要

だということになる。では，他にどんなことがわかっていれば，この問題の答えを求めることができるだろうか。それを考えていくことになる。

教室の中には，同じ問題を見て「これでは求められない」「他にこれが知りたい」と思う子もいれば，問題をノートに書き写すだけで文意にまで頭が働いていない子もいる。

その中で，誰かが質問をし始めたりすることで，まだ気持ちが問題に向かっていなかった子たちも「あの子は何を言っているのだろう」「本当に，今のままではあの問題は解けないのだろうか」「他に何がわかれば答えが求められるだろうか」のように，思いを巡らし始めることがある。

そして，ある子が言う「1袋の中にはクッキーが何枚入っているのですか？」というような質問を聞きながら，「なるほど」と思う一方で，「それだけがわかれば，答えが求められるのだろうか」「他にも必要な条件はないだろうか」と考え始める。

それが，「検討する」ということだろう。「吟味する」という言い方もできるだろうか。

算数では，問題を解いたり考え方を説明したりするときに，そのための情報や条件について，「その方法や結論は妥当かどうか」「それだけで十分か」「間違った情報を使っていないか」といったことについて詳しく見ていく必要がある。一人だけで考えていたのでは，見落としをしたり，間違った解釈をしてしまったりすることもある。

また，「なぜ，その条件が必要なのか」と

か「なぜ，その情報が欲しいと考えたのか」といったことを疑問に思う子もいる。そういう子たちがみんなで検討していく話し合いに参加することで，問題の意味をよりしっかりと把握したり，別の問題に向かうときにその視点をもつことができるようになったりするとよい。

自力解決の後の「練り上げ」でも，まずは発表されたいくつかの方法について，「その考え方は本当に正しいか」「抜けている条件や式はないか」「論理の飛躍はないか」というように，答えを導き出すまでの過程について検討がなされるとよい。そこで培われる大切な見方・考え方がある。

２ よさを学ぶ

「練り上げ」と呼ばれる段階では，自力解決の中で考え出された２～４通りの考え方を取り上げて，それらの説明を聞いてから集団で比較し，検討を行うことが多いようだ。

比較・検討するときの視点としてよく聞くのが「は・か・せ・どん」である。つまり，「速く（簡単に，正確に，どんなときも）求められる方法はどれでしょうか？」という視点で比較・検討をするというものである。しかし，子どもの考え方をいつもこの４つの観点で比較することが可能かというと，そうではない。

例として，右上の形の面積の求め方について考えてみたい。学習指導要領解説の第４学年のページに，複合図形の面積の求め方の例として載っている図形である。

この形の面積の求め方はいろいろと考えら

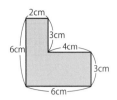

れるが，上下２つの長方形に分けた時，どちらの長方形も縦の長さが３cmという特殊な形であるため，この形だけで使える求め方も可能となる。例えば，上の長方形を切り取って移動し，１つの長方形（３cm×８cm）にするとか，同じ形を２つ組み合わせて大きな長方形（６cm×８cm）にしてその面積を求めてから半分にするという考え方などがある。

では，これらの方法が「どんなときも」使えるかというとそうではない。「速く」「簡単に」できるかというと，その着想がない子にとっては難しく感じるかもしれない。

このように考えると，大切なことは「同じ長さの辺があるよ」「切って移動すればここにうまくつながるよ」とか「２つ組み合わせれば大きな長方形ができそうだ」のようなことに気づく目をもつことである。

集団による比較・検討は，「方法や答えは正しいか」「どの方法がよりよいか」「共通点は何か」「説明の仕方はどうか」で終わることが多い。だが，それよりも，「なぜ，そうしようと思ったのだろう」「そう考える（そこに着目する）と確かにいいなあ」「なぜ，そう考えるといけないのか」のように，その考えのよさ（着眼点や発想の源なども含む）にも目を向けて検討することが，新たな問題に向かう力を育てることにつながると考える。

〔参考〕小学校学習指導要領（平成29年告示）解説　算数編（文部科学省）p.211

教師の働きかけ

発散を目指す集団検討

子どもの発想を共有し，
よさ認め合う集団検討

中田寿幸

1 子どもの多様な見方を引き出す働きかけ

　子どもたちに多様な見方をさせたい。多様
な見方は問題解決の場での解決方法を豊かに
する。そして，数量や図形の感覚を豊かにし
ていく。

　1年生にブロック8個を与え，「8個とパッ
と見て分かるように並べよう」と伝えると
いろいろな8個の並べ方を出していく。

　8を4と4に分ける友だちの
並べ方を見て，「4と4だった
らこう並べた方がわかりやす
い」と新たな並べ方を見出して
いく。「4と4」に分けるとい
いという話を聞くと「3と5」
や「2と6」に分けることを思
いつく子がいる。友だちの考え
を共有し，子ども自身が理解し，
えのよさを認めていくことで新
たな見方で発散的に考えていく
ことができるようになっていく。

友だちの考

2 収束までを考えた発散的思考

　発散的思考に加えて，収束的思考も新たな
ものを創造していく力をつけていく。

　発散的思考（拡散的思考）は，与えられた
情報からさまざまな新しい情報を作り出す活
動で，いろいろ新しい発想を得る場合にみら
れるものである。収束的思考（集中的思考）
は，推理のように，与えられた情報から論理
的筋道をたどって妥当な一つの結論を導き出
す活動である。この両者は，いずれも学習に
おいて発見的・創造的な思考として重要なも
のであるといえる。
（算数教育指導用語辞典　日本数学教育学会
編著　教育出版第5版 p.74）

　企業や生活の中での問題解決は，発散的思
考をして出してきた解決のアイデアの中から
収束的思考で1つのものを選んでいくことが
必要になる。例えば猛暑の中，エアコンの効
きが悪い。そんなときの解決方法を1つだけ
考えて終わりにはしない。新たに購入する，
修理に出す，フィルターの掃除をする，電源
を入れ直す……とたくさんの解決方法の中か
ら順位をつけて実行していくことが創造的な
思考力を高めていくことになる。

　算数の問題場面も同様で，多様な解決方法
の中からよりよい考え方に順序をつけたり，
価値づけたりしていくことで，思考力・創造
力が育っていくのである。

　例えば，4年生の複合図形の面積を求める
問題は多様な見方が発揮される場面である。
子どもの実態に合わせながら1cm^{2}マスをつ

けたり，長さを変えたりしながら発散的思考がしやすいように教材を準備

していく。授業は多様な見方が発表されていく。ところが「たくさんの解き方ができましたね」で終わってしまうことをよく見る。多様な解き方を引き出すことでよしとしているところがあると感じている。ここでは，考えてきた方法のよさの共通点を見いだし，「面積の求めやすい長方形や正方形に分けて計算して，後で合わせることで求められた」ことを見出す収束的思考が必要である。

先の1年生の実践ではたくさんの並べ方がでてくるが，「パッと見て数がわかる」という視点で収束させていく必要がある。

③ 収束させていくことを急ぎ過ぎない

発散的思考で出されたアイデアの中から最もよい方法を見出していく収束的思考までの流れの中で創造力は伸びていく。しかし，いつでも「発散から収束へ」を繰り返していくと，最後の収束的思考の結果ばかりが「いい発表」「大事な考え」だと子どもは感じて，次第に自分の考えを発表しなくなってしまう。多様な考えを出しても，「一番いい方法は何かな？」「いつでも使える方法はないかな？」と毎回のように検討していったら，多様な考えがダメな考え，無駄な考えのように子どもたちはとらえてしまうのである。

例えば，4年のわり算で筆算形式を教える前に取り組む42÷3の計算がある。筆算形式につなげようとすれば，42を30と12に分ける

考えが，よい考えになってしまう。しかし，42を3でわることを考えれば，42を21と21に分けてそれぞれを3で割ると九九を1回だけ使って答えを求められるというよさがある。他にも，42から3を引いて39÷3にすれば，39を位ごとに3でわって13，そこに引いた3を3でわった1を加えて14と考える子もいた。3でわることを考えながら，42という数をどのように分けて考えたらいいのかを考えていくことがわり算のしくみの理解を深め，数の感覚を高めていくことになるのである。

この授業の最後に「いつでも使える方法は何かな？」と聞いて，その後に筆算形式につなげていくことを若いころの私はしていた。筆算形式の方法は教えていくが，他の方法も同じように価値ある方法だと私自身が考えていなかったのである。「筆算形式を覚える邪魔になる」とまで考えていたくらいであった。

わられる数が大きくて，3で割ろうとして九九が使えなければ，九九が使える大きさに分けることが大事な考え方なのである。発散的に出てきた友だちの考えのよさを共有し，認め合っていく集団検討自体がわり算のしくみの理解を深めていくことになるのである。筆算はしばらく時間を空けてから考え方の1つとして形式を教えていけばいいことである。

収束的思考での活動を急ぎ過ぎないようにしながら，発散的思考で出てきた子どもの発想を共有し，よさ認め合う集団検討を続けていくことが子どもの考えていく力，創造する力を育てていくと考えている。

| 教師の働きかけ |

収束を目指す集団検討

統合による収束

盛山隆雄

1 収束の意味と統合的な考え方

収束するということは，その前に収束させる拡散の状態があるということである。

拡散というのは，学んでいる集団として，多様な考えや表現が出ている状態を指す。その一見してばらばらな考えや表現を，ある視点から見直し，同じものとして見ることが1つの収束の姿と考える。それは，統合的な考え方を働かせることとも言える。

統合的な考え方は，次のように分類されると考えている。

① 本質を捉える統合

記号的表現，図的表現，言語的表現，操作的表現などの表現を互いに関連付けて説明し，本質を捉えようとする考え方。そうすることで，概念や考えの理解を深めることができる。

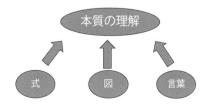

② 高次への統合

いくつかの事柄がある時，これをより広い，より高い観点からみて，それらに共通な本質を見出し，これによってまとめていこうとするもの。

③ 包括的統合

考え1や考え2がそれと同様にして得られた考え3の特別な場合としてまとめられないかと考えること。

このとき，得られたいくつかのものをそのままにしておかないで，それらの間の関係を調べてみるということが大切になる。

④ 拡張による統合

ある事柄がわかっている時，これを含むより広い範囲にまで広げていく，または，より広い範囲のおいてもそれがいえるようにするために，条件を少し変えてより包括的なものにする。すなわち，新しいものを次々取り入れてまとめていこうとする考えである。

2 収束させるための教師の働きかけ

5年生の平行四辺形の面積の学習場面である。下図のような図形内に高さがとれない平行四辺形の面積をどう考えるかである。

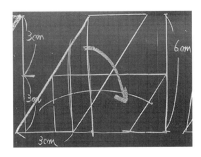

6 cm

3 cm

次のような考えが発表された。

① 図のように等積変形して，高さが図形内に
とれる既習の平行四辺形にする。

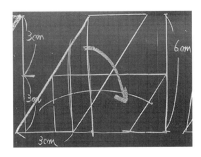

② 対角線で切って，等積変形し，高さが図形
内にとれる既習の平行四辺形にする。

③ 辺の中点を境に合同な直角三角形をつくり，
その直角三角形を移動させて長方形に等積変
形する。

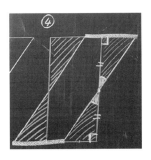

④ 図のように直角三角形を移動させて，2つ
の長方形に等積変形する。

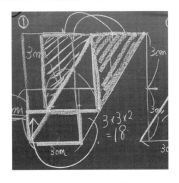

これらの考えを一つ一つ発表させたとき，
大切なことは，十分に理解をさせることであ
る。ペアをつくって隣の人に意味を説明させ
るなど，全員に表現させながら理解を促すこ
とで，その後の統合的な考え方を働かせやす
くする。それぞれの考えの意味がわからなけ
れば，高次への統合という収束を子どもにさ
せるのは難しいからである。そして，次のよ
うな発問をして，統合を促した。

「どうしてみんなは形を変えようとしたのか
な？ 何かいいことがあるの？」

　この発問に対して，次のような発言が出て
きた。

「高さが形の中にあるような習った平行四辺
形にしたら底辺×高さで求められるから。」

「長方形も習った形で，たて×横で面積が求
められるから。」

「習った形に形を変えれば，面積が求められ
るからです。」

　本時の場合は，最後に等積変形する理由を
尋ねることで，同じ目的を確認して，4つの
考えを統合したのである。収束は，算数の目
標にもある大切な思考活動と言える。

活用が生まれる集団検討

似て非なるものを見せる
～見えていなかったことを見えるようにする～

森本隆史

◆似て非なる問題を見せる

　2年生の子どもたちと，くり下がりのひき算の学習をした後の授業である。はじめに，以下のような問題を見せた。

> 134まいのおり紙があります。
> このおり紙を63まいつかいました。
> のこりは何でしょう。

　この問題を見た子どもたちは，くり下がりが一回しかないので，「式も言えるし，筆算しなくてもできる」と，元気に発表をした。答えは71枚。特に困る場面はなく，時間が過ぎた。

　この問題を原問題として，場面を変えて次の問題を子どもたちに見せた。今回はわたしが見せたが，いつか，自分たちで場面を変えるとどうなるのかと，考える子どもたちになってほしいと思っている。

> 134円持っています。
> 63円のチョコを買いました。
> おつりは何円もらったでしょう。

　この問題を見た子どもたちは「あれ？さっきと同じ式になる」「計算しなくても答えがわかる」とつぶやき始めた。

　これが最初の子どもの「見え方」である。問題を変えたのだが，ここでは「活用」として，集団検討は生まれていない。式や答えがどうなるか，あえて子どもたちに尋ねる。すると，134－63＝71，答えは71円だと言った。

　全員で答えが71円になることを確認し，板書した後，子どもたちに「先生がチョコを売る人になるから，だれかお買い物してくれる人？」と言ってみた。ほぼ全員が手を挙げてくれた。2年生の子どもたちは素直でかわいい。

　ある子どもを指名して，「じゃあ63円のチョコを買いに来てね」と言う。その子どもはチョコを買っているふりをしてくれた。わたしはおつりをあげるふりをして，「ありがとうございます。おつりはいくらもらえましたか？」と尋ねてみた。子どもたちが「おつり」に着目するようにこのように言った。

　その子は，黒板に書かれている式と答えを見ながら，「えっと，71円」と答える。

　このあたりから，2，3人の子どもたちが動き始めた。「ん？」と言いながら首を傾げている。わたしはその様子を見ながら，「おつりは71円だったね」とわざと言う。

　「おつりは71円じゃないと思う」と，ぽそっとある子どもの声が聞こえた。前にいた子どもは「え？　どういうこと？」と言う。子どもたちの見え方が少しずつ変わり始める。見え方が変わり始めると，集団検討したくな

る。ただ，この時点ではまだ「71円じゃないと思う」と思っている子どもは少ない。まだ全体で話し合うには早い。全体を見取って，「よし，もう一回お買い物をしてみよう」と投げかけた。

同じ子どもにもう一度，お買い物をするふりをしてもらった。「63円のチョコを買いに来てね」と，さっきと同じことを言うと，「これください」「はい，どうぞ」という買い物をする時間が流れる。先ほどは，「おつりはいくらもらえましたか？」と尋ねたのだが，あえて尋ねることを変える。「ありがとう。ところで先生にいくらお金を払ったの？」その子は，また，黒板を見て「えっと，134円」と言う。しかし，ここで表情が変わり始めた。周りの子どもたちも「いや，134円じゃないと思う」とつぶやき始める。

この場面で，わたしは多くの子どもたちの見え方が変わってきたことを感じた。「いくら出したのか，となりの人と考えてみよう」と，子どもたちに言った。このように言うことで，どのくらいの子どもたちが「出したお金が134円ではない」ということに気がついているのかを見取るためである。数名の子どもは「え？　どういうこと？」と言っている。しかし，となりの子が「63円のものを買うのに134円出すって，変じゃない」と説明を始めている。このように集団検討をする前に，周りの子どもたちが見えているのに，見えていない子どもはいないか，教師が把握する必要がある。少しずつ，全員が話につ

いていけるようにすることが大切である。

全体に「いったいいくら出したんだろうね」と尋ねてみると，ある子どもが「何円玉を持っていたのかによってちがう」と言った。「確かにそうだ」と言う子どもが多い。場面をイメージし始めたことがわかる。

子どもたちに右のようにお金を見せて「こんなお金を持っていたとしよう」と言った。

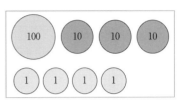

すると，「式がさっきと変わる」と言ってたくさんの手が挙がった。「134円を出すんじゃなくて100円を出すと思うから$100-63=37$，おつりは37円」「37円もらうとおさいふがいっぱいになる」という声が聞こえたので，黒板に34円と37円の絵を書いて「確かにこれはさいふがいっぱいになりそうだ。おさいふの中がいっぱいなのはいやなの？」と言う。そのように言ったことで「おさいふの中身を少なくしたい」と言い出す子どもが出てきた。チョコを買うとき，いくら払えば，おさいふの中身を少なくすることができるのだろうか。ということが，子どもたちが考えたいことになった。$103-63=40$，$113-63=50$などの式も出てきた。

「活用」として集団検討を促すためには，似ているがちがう場面の問題を扱う。そして，見えている子どもと見えていない子どもが，教室の中にどのくらいの割合でいるのかをしっかりと見取り，全員の子どもたちに見えるようにしていくということが大切だと考える。

新たな価値を生み出す集団検討

個人思考の限界を超える場

広島女学院大学
瀧ヶ平悠史

1 集団検討の場がもたらす最大のメリット

昨今，個別最適な学びと共に「協働的な学び」という言葉が注目されている。これは，個別最適な学びと対義的に位置付くものではない。ここではこの言葉を「他者との相互作用を期待し，自ら積極的に他者と関わって追究する学び」と捉えることとする。一斉学習だろうと個別学習だろうとこのような学びが起これば，それは協働的な学びである。

では，私たちが自ら他者と関わろうとするとき，そこでの相互作用に何を期待するのであろうか。その一つが，個人思考の限界を超えたアイデアの創発である。日常生活でも私たちは，個人思考で行き詰ったときに他者を求めることがあるのではないだろうか。ちなみに，ここで言う創発とは様々な分野で扱われてきた言葉であるが，多くの場合，既存知識に直接還元できないような新しいものが創造されることの意味で用いられてきている。

数学学習のコミュニケーションにおいても，こうした「創発」現象は，偶発的に起こること

が確認されている（江森，2007）。詳細は省くが，重要な点は，学習者が個人思考の末に①他者の表現に情動的な経験を伴って出合い，②その表現の鍵となる点に着目して考えることで，新たなアイデアの創発が起こる場合がある。情動的な経験とは，言い換えれば「驚き」という情意的な要因の働きが伴う経験のことである。

また，こうした一連のプロセスは，授業という枠組みの中においては，教師の適切な関わりによって誘発が可能である（瀧ヶ平，2023）。より多くの他者との相互作用が期待される集団検討の場では，その可能性は大きく高められることとなる。

個人思考の限界を超えたアイデア創発につながる学びの経験を蓄積することができれば，子どもの中で「他者とコミュニケーションすること」の価値が大きく高まることとなる。それは，先述した「期待」へとつながるものであり，これこそがまさに，集団検討の場を通して学ぶことの最大のメリットと言える。

2 情動的な経験が伴う出合いの場

どのような教師の関わりによって先述の①②のような場を生むことができるのか。ここでは，事例を基に見ていくこととする。第4学年「立体」，直方体（正方形と長方形で構成）の展開図の種類が何通りあるのかを明らかにすることを目的とした授業(田中（2013）の授業を改変して追試したもの）である。

はじめ，立方体の展開図の種類数と比較して，直方体の場合はどうなると考えられるかを予想させた。その後，子どもの発言「十字

型はできると思う」を基に，『十字型展開図は，直方体でも作成できるのか』という話題に焦点化し，直方体の十字型展開図を一つだけ子どもから取り上げた（右図）。これを見た子どもたちからは「他にもできたよ！」という声があがった。そこで，児童Aを指名し，「他の十字型展開図」とはどのようなものがあるのかを提示してもらうこととした。その際，「まず，真ん中に使う面だけを置いてくれる？」と，展開図中央に位置付く面だけを黒板に貼るように指示した（右図）。これには，「そう！（予想通り）」という声と共に，「え？（想像とは違う）」といった「驚き」の声が多くあがった。このように，あえて子どもの表現の一部を焦点化して取り上げることで，「驚き」という情動的な経験を伴う他者の表現（考え方）との出合いの場を，多くの子に必然的につくり出すことができる。

③ 表現の鍵となる点に着目する場

すると，「3つ目など本当にできるのか」といった議論が教室のあちこちで沸き起こった。ただしこの時点の子どもたちは，3つ目の十字型展開図の存在の可能性が見えてきた「理由」に対しては無自覚的である。特に，中央の面の置き方を場合分けすることで3種類に確定できるアイデアには，誰も気付いていないのである。ここで教師は，「今ね，中央の面を置いた瞬間に『え？』と言った人がいたよ。何でこれだけで分かったのかな？」と，全体に問いかけた。すると，これに対して児童Bは「それが真ん中の面なんだよね？」と児童A

に再確認してしばらく考えた後，「…だったらこっちだ！　あと2つ分かるんだけど俺！」と発言した。

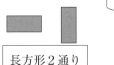

| 長方形2通り | 正方形1通り |

「あと2つあるんです。中央に置ける面がこの長方形（×2通り）と，正方形があって……」こうして児童Bは，中央の面の種類と向きに着目することで十字型展開図が3通りであることを断定できるという，これまで誰もが持ち得ていなかったアイデアを見いだすことができた（創発）。そしてそれは，瞬く間に価値あるアイデアとして教室中に広がっていった。

十字型展開図の作り方は，中央に置いた面の種類と向きを固定して基点とすることによって，3通りの方法に分岐していく。このように，方法が分岐する基点が，表現（考え方）の鍵となる点である。つまり，この方法の分岐点に関わる情報を強調することで，自身と他者の方法の違いに気付き，どうしてそのような違いが生まれたのかという理由に迫る子どもの姿を引き出すことができるのである。

＜引用・参考文献＞

瀧ヶ平（2023），数学的コミュニケーションにおける数学的アイデアの創発過程に関わる研究−創発連鎖と教師の関わりの関連に着目して−日本数学教育学会誌，105(4)，3-13.

江森英世（2007），無作為の創造−数学学習におけるコミュニケーションの創発連鎖，日本数学教育学会誌，89(6)，12-23.

田中博史（2013），直方体と立方体〜直方体の展開図〜，DVD，企画集団　創.

よい聞き手を育てる

見方を働かせる「聴き方」から，考え方を発揮する「訊き方」へ

青山尚司

1 「よい聞き手」とは？

「きく」には，「聞く」，「聴く」，「訊く」の3つがあるときいたことがある。漢字に着目すると，「聞く」には耳がある。「聴く」には耳だけでなく心もあり，横向きになってはいるが「目」もある。そして，「訊く」には「言」がある。

英語でいうと，「聞く」は音を感知する"hear"で，「聴く」は音を意識的に捉えている"listen"であろうか。「訊く」は「訊ねる」という使い方もあるので，"ask"となるのかもしれない。

「よい聞き手」を「きくこと」の「名手」と捉えると，ただ何となく聞くのではなく，心や目を働かせながら聴くことができるようになって欲しいものである。そしていずれは，自分の言葉で「訊ねる」ことができる訊き方ができるようになったら素晴らしい。

2 「どこ」に着目をしているのか

6年生の子達との授業で，①〜⑳までの番号を板書した。「何これ？」という子達に，①に「5」を入れることを伝え，次の②に何を入れたいかを聞いた。「4」という反応があり，②に4を入れると，「次は3」という子がいた。しかし，「0になったら終わっちゃう」という反応があった。「だったら9」という子がいた。「いいね」という子もいれば，「なんで？」という子もいる。「じゃあ，③に9を入れたら④は何になるの？」と問うと，「13」と素早く反応する子，「あ〜，そういうこと？」と納得する子，「どういうこと？」と戸惑っている子など，反応は様々である。ここで，仕組みに気付いた子たちに，「どこを見て④が13と判断したの？」と問うと，「その前と前の前」という反応があった。ますます首を捻る子達に，「前ってどこだろうね？」と問うと，「③」と答えた。「じゃあ，前の前は？」と問うと，「②」と答えた。そして，「そっか，②の4と③の9を足したら13なのか」，「だから③は5＋4で9か」と理解し始めた。ここで表を配布し，スペースの関係上，一の位だけを書くことを促すと，子どもたちは，「⑤は2」，「⑥は5」と勢いよく数を入れ始めた。「他の数でやってみてもいい？」という子に対して，「①は5のままで，②を変えてみよう」と告げた。しばらくすると，「面白い」という声が聞こえた。そして，「ホントだ」，「すごい」，「なんで？」という声が広がっていった。「0か5」，「全部5もある」と具体的な発見も聞こえてきた。ここでも，「どこのことを言っているの？」と問うと，⑥⑪⑯という番号が挙げられた。

その中で，まず⑥がどうなっているのかを問うと，「必ず5か0になる」という。そして，「なんでかはよくわからないけど」という子が，「②が奇数だと⑥は0になって，②が偶数だと⑥が5になる」と発言した。そして，「⑪は逆に，②が奇数だと5になって，②が偶数だと0」，「⑯は②が奇数でも偶数でも5になる」と発言が続いた。ここでも，「みんなはどこに注目したの？」と問いかけ，「②が奇数か偶数か」という気付きを共有した。

③ 友達のアイデアを活用する

次の時間，⑥⑪⑯㉑が5か0になるのは，5の倍数だからではないかという予想を立てた子がいた。5になるのは5に奇数をかけた場合で，0になるのは5に偶数をかけた場合と考えたのである。そして，それを確かめる方法として，「その数を分解する」というアイデアが出され，「(5×何か)の何かが奇数なら5，偶数なら0になる」という見通しを共有した。すると，「文字にすれば……」というつぶやきが聞こえた。その子を指名すると，「前の時間の終わりにやってみたんですけど，最初の①をaとして，次の②をbにするじゃん？」と説明を始めた。「こうすると③はどうなる？」と，その子が全体に問うと，「c」いう子がいた。それに対して，「それじゃ意味ないから，a＋bにするのね」と答え

た。ここで，④より先をノートに書いていくことを促すと，「あ，分かった」という声が聞こえた。黒板で⑪までを確認し，「文字にすると何がいいの？」と問うと，「aとbがいくつずつあるかが分かりやすい」という発言があった。

そして，⑥のa×3＋b×5に着目した子が，「さっき，5の倍数は(5×何か)」って言ってたじゃん？　だから（5×何か）にまとめる」と発言し，「aが5だから」と，⑥を5×3＋b×5とし，5×(3＋b)と変形した。そして，次に手を挙げた子が，「こうやってまとめてくれたから，⑥に入るのが5の倍数って分かって」と説明を始めた。そして，「②が奇数だったら，3＋bが偶数になるから，5×偶数で一の位が0になる」，「②が偶数なら，3＋bが奇数だから，5×奇数で一の位が5になる」となることを明らかにしたのである。

④ "聴き手"から "訊き手"へ

算数の学習において，子どもたちにはまず，「数学的な見方」を働かせる"聴き手"になって欲しい。だから日々の授業で，どこを見ているのか，どこに着目すべきなのかを問い，話題を焦点化しているのである。

そしてその意識は，仲間の発想を関連付け，「数学的な考え方」を発揮しながら自ら言葉を発する"訊き手"を育てていくことにつながっていくのである。

発言のつながりが生まれる集団

まずは「聞ける子ども」に育てる

大野　桂

■まずは「聞ける子ども」に育てる

・他者の考え聞き，自己の考えと対峙させ，共通点や相違点を解釈することで算数の本質に迫る課題が見えてくる。

・自分では思いつかなかった他者の考えや方法に触れ，その考えや方法の価値は何かを解釈することで数学的な見方・考え方が育まれていく。

　このように考えたとき，よりよく算数を学ぶには，「他者との繋がり」は欠かせない要素になる。

　ところが，学級全体に算数の学び方がまだ浸透してないときは，ある子どもが発言すると，その発言をかき消すかのように，「ちがいます」「他にあります」と，他者の話はさておいて自分ことを話しだす子どもを目の当たりにする。

　これは，すべてが自己内で閉じ，他者との繋がりがない状態といえる。冒頭で述べたことを考えれば，自己内で閉じていては課題を設定する力も数学的な見方・考え方もよりよく身に付けることができない。

　このようなことから，私は算数授業を通して「他者と繋がる学級集団」にしたいと考えている。そして，特に「聞く」を重視して指導にあたるようにしている。それでは，どうしたら「聞ける子ども」に育てることができるのかについて，私の考えを述べる。

■復唱させる

　他者と繋がるには，他者の話を解釈する必要がある。しかし，子どもにとっては，他者の考えを解釈するどころか，正しく聞き取ることさえ難しい。

・復唱する活動を取り入れる

　そこで私は，仲間が何か発言をしたときには，「Aさんのお話が聞けた？　Aさんが言っていたことを，誰かもう一度言ってくれる人はいますか？」と問いかけ，復唱させるようにしている。

・復唱する心構えを持たせる

　他者が発言した後に復唱することを求められても，子どもには他者の話を聞こうという心構えができていない。つまり，「誰かもう一度言ってくれる人」と発言の後に求められても，自分事として聞こうと思っていなかったので，復唱することはできない。

　そこで，「これからAさんにお話をしてもらうけど，よく聞いていてね。Aさんのお話が終わったら，どんな話をしていたかを席の隣の人にしてもらうからね」とするようにしている。そうすれば，話を聞く前に，復唱をすることの心構えを持たせることができ，そう

すれば自分事として意識させることができる。

・復唱も容易ではない

そこまで心構えを持たせても，復唱は容易ではない。ほとんど聞き取れていないと思った方がいいかもしれない。

私は，Aさんの話を聞いて，「この話は聞き取るのは困難だ」と判断したときは，「聞き取るのは大変だったんじゃない。Aさんのお話で聞こえた言葉はあるかな？」などと，まずは単語レベルで，聞こえた言葉を表現させるようにしている。そしてその後，「そんな言葉が聞こえたんだね。じゃあ，Aさんにもう一度お話してもらうよ。今出た言葉の前と後ろでどんなことを言っているかをよく聞いてみて。そうしたら，Aさんお話が分かるかもしれないよね」と問いかけ，段階を踏んで聞き取れるようにしている。

■意味と価値を解釈させる

話を聞き取れただけでは，算数の本質に迫る課題設定する力も，数学的な見方・考え方も育まれない。課題設定する力や数学的な見方・考え方を育むには，聞き取った話の「意味と価値の解釈」が必要となる。

・「気持ち」を想像させる

例えば，3口のたし算の場面である。

問題：8＋□＋7 の3つの数のたし算が簡単になるように，□の中の数をきめましょう

Aさんの話：□を2にしました。8＋2＝10で10と7になって，10＋7＝17になるからです。

このようなAさんの話を聞き，他者に復唱をさせるだけでは，聞き取れただけで，話の意味も価値も解釈はできていない。

そこで，話の意味と価値を解釈させるために，「どうしてAさんが2という数にきめたのか，その気持ちはわかりますか？」と気持ちを問うようにしている。そうすることで，「分かるよ。10が作りたかったからでしょ」というAさんの考えを解釈する発言が引き出される。

・「よいお話だったか」を解釈する

「気持ち」の解釈でだけでは，数学的な見方・考え方は育まれない。数学的な見方・考え方を育むには，価値の解釈が必要となる。

そこで気持ちを問うた後に，続けて「Aさんのお話はよいお話だと感じた？」と，価値を問うようにしている。そうすると，「いいお話だった。10＋7＝17で簡単だもん。だから，10になるように□の数をきめれば，『10＋いくつ』になってすごく簡単でいい」といった数学的な見方・考え方が表出する。

■ここまで「聞ければ」，子どもは他者と繋がりをもって自然と「話しだす」

この状態になるまで話を聞きとり，解釈ができれば，「ほかにも10を作れないかな」という，次にしたい活動が子どもから発せられ，繋がっていく。具体的に言えば，「じゃあ，□は3でもいいんじゃない。3＋7＝10になるから」といったここまでの考えと適応させる発言や，「だったら，□は5でもいいかも。5を2と3に分けて……」といったここまでの考えを発展させる発言が，自然と繋がっていくということである。

この繋がりを生み出すためにも，まずは「聞ける子ども」に育てることを心掛けている。

安心して学べる教室

教室の心理的安全性

前高知大学教育学部附属小学校
松山起也

1 心理的安全性とは

　心理的安全性とは，「みんなが気兼ねなく意見を述べることができ，自分らしくいられる文化」のことである（エドモンドソン，2021）。この概念は，近年様々な分野で注目を集めて研究されている概念であり，人々が効果的に協力するために重要な要因であることや，チームの心理的安全性が高まることで生産性が高まったり創造的なアイデアの産出を促進したりすることが明らかになっている。

2 子どもの立場で考えてみると……

　教室には自分の意見を表現することが得意な子もいれば苦手な子もいる。また，年齢が上がるにつれて，勉強のことや人間関係のこと等，様々な悩みを抱える子も多くなる。そんな子どもたちは，毎日の授業をどのような心境で受けているのだろうか。

　授業中に教師に指名されて，全体の場で自分の考えを発表する場面。表現することが苦手な子にとっては，それだけでもドキドキである。そんな中でも，勇気を出して自分の考えを発表した時，周りの反応が冷ややかだったり，否定的な反応が返ってきたりしたらどうだろう。また，教師が予想外の発言に戸惑って微妙な反応を返したり，「他にありませんか」と流してしまったりしたらどうだろう。子どもは，「発表しなければよかった」「だから発言するのは嫌なんだ」と後ろ向きな気持ちになるだろう。また，それを見た周りの子も，発表することに不安を抱くかもしれない。

　一方，自分が発表したことに対して，周りの友達が「あ〜なるほど！」と反応したり，教師が褒めてくれる，もしくは発言をうまく生かしてくれたりしたらどうだろう。「言ってよかった」「発言したら得をする」とプラスのイメージを持てるのではないだろうか。そして，「この教室なら発言しても大丈夫」「この先生の前なら安心して発言できる」と感じる子も増えるだろう。

　このように，教室の心理的安全性は，子どもが発言した際の周りの反応に大きく左右され，子どもが授業でどのような経験を積み重ねるのかによって決まる。まずは，教師自身が心理的安全性という概念を意識し，「こういう関わり方をすると下がってしまう」「こうすれば上がるんじゃないか」と，常に自分の言動を振り返る習慣を付けるようにしたい。

3 心理的安全性を高めるための働きかけ

　次に，私がこれまで研究してきた心理的安全性を高める実践について紹介する。

　まずは，子どもに心理的安全性という概念を説明し，自分たちの学級の心理的安全性に

ついて尋ねたアンケートの結果を知らせる。すると，その結果を見て，子どもから「学級の心理的安全性をもっと高めたい」という声が出される。そこで，心理的安全性を高めるための具体的な方法を話し合わせ，右のように模造紙にまとめて掲示する。

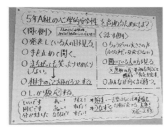

そして，教師はこの模造紙に書かれたことを基準に，日々の授業の中で望ましい姿や望ましくない姿を見取って価値付けていく。

実際に心理的安全性を高める効果が見られた働きかけの一部を表1に示す。中でも特に重要な働きかけは，「⑦肯定的価値付け」である。例えば，教師が話している時に，頷いたり首を傾げたりしながら聞いている子どもの姿を見取って，「頷きながら聞いてくれて嬉しいな」「首を傾げるのも立派な反応だね。そうやって反応してくれると大事に聞いてもらえているなと感じます」とアイメッセージ

で価値付ける。また，子どもが発言している時に，「頷いている人がたくさんいますね」「すごい！さっきよりも『分かった』という人が増えていますよ」と実況することで，子どもの安心感を高めるとともに，勇気を出して発言しようとしている姿を価値付け，仲間と表現し合うことのよさを実感できるようにする。

本研究では，心理的安全性が高まった授業では⑦の働きかけがダントツで多い（1時間あたり平均15回程度）ことや，心理的安全性が高い学級では担任教師の⑦の働きかけが多い特徴があることが明らかになっている。

だれもが安心して表現し合える教室になると，子どもの笑顔が増え，毎日の授業がますます楽しくなる。そんな幸せな教室が少しでも増えるよう，これからも尽力していきたい。

<引用・参考文献>エドモンドソン，A. C.（著），野津智子（訳）（2021），恐れのない組織－「心理的安全性」が学習・イノベーション・成長をもたらす－．英治出版

表1　心理的安全性を高めるための教師の働きかけ

教師の働きかけの種類	実際の授業で使った教師の言葉がけの具体例
⑦肯定的価値付け … 望ましい姿を肯定する。	
・ほめ言葉	「いいね〜。ちゃんと意識できていて素晴らしい」「すごい！よく聞けていたね」「おっ！言える人いるんだ。すごいな〜」
・実況	「みんなを信じて勇気を出して挙げている人がいますよ」「反応が上手な人が増えてますね」「おっ！自然に拍手が起こっていますね」「頷いている人がいますね」「分からなくても一生懸命考えている人がたくさんいますよ」「首を傾げている人，それも反応ですね」
・教師の解釈で価値付け	「先生に言われなくても意識できているのはすごいことですね」「みんながわずにパッと手を挙げられる雰囲気ができてますね」「こんなに短期間で姿が変わることってなかなかないんだけどね。やっぱり5年A組はすごいな〜」「分からない時に分からないと言えるってすごいですね。その人の勇気もすごいけど，それを言える周りの雰囲気も素晴らしい！」
・アイメッセージ	「頷きながら聞いてくれて嬉しいな」「何も言わなくてもサッとこっちを向いて話を聞いてくれるので，安心して話せます」
・紹介	「Aさんがおもしろいことを言っていますよ」「この前の授業で，発表が苦手だけど頑張ったと言いに来てくれた人がいました」
・その他（お礼，考えさせる，間接的ほめ言葉，板書等）	「大事に聞いてくれてありがとう」「先生今とっても素晴らしい人を見つけたんだけど，どんな姿かわかるかな？」「（担任にこのクラスは本当に素晴らしいですね）「すごくいいことを言ってくれたから，黒板に書いておきます」
④否定的価値付け … 望ましくない姿があることを知らせる。　（※望ましくない姿とは，基本的にできることなのにやっていない姿のこと）	
・注意	「ごめん。先生の声と重ねて喋るのはやめて」「今〈ノート〉を書くのは違うでしょ。Aさんが一生懸命発表してるよ」「お〜い。こっち見てくれ〜」「（立場を示すために全員が挙手をする際）挙げてない人がいるぞ。どっちだよ〜。もう1回聞くよ」「今，声はいらないよ」「（分かったら起立する場面で分かっているのに起立していない子に）まだ考えてる？分かったら起立だよ」
⑨半否定的価値付け … 望ましくない姿があることを間接的に知らせる。　（※間接的とは，直接本人に伝えない方法ということ）	
・望ましくない姿があること（それを教師が見逃していないこと）を全体に知らせる	「もったいない。今いいことを言っていたのに聞けていなかった人がいたよ」「無反応の人が5人くらいいるね。聞いているのかな？」「（友達の発表を聞いていない姿を見取って）ストップ！まだ準備ができていない人がいるよ」「（全員で一斉に声を出す際）ごめん。ストップ。まだ声を出せていない人がいるよ。もう1回言ってみよう。さんはい」「（ペアで話せたら立つ場面で話し終わったのに立っていない姿を見取って）28人が話し終わったんだね。早いな〜。でもまだ全員ではないみたいだね」「（全員が手を挙げられる場面で挙げていない姿を見取って）なるほど。まだ言えないという人も少しいるんだね」「（全員が手を挙げられる場面で挙げていない姿を見取って）あ〜おしい！ここは全員が手を挙げられるところなんだけどな」
・釘をさす	「正直，今Aさんの言ったことが聞けていなかった人？（挙手）じゃ〜手を挙げていない人にはあてて（指名して）も大丈夫だね？」「（ずっとノートを書いて友達の発表を聞いていない姿を見取って）不思議だな〜今ノートに書くようなことはないと思うんだけど…」「（友達の発表を聞けていない姿を見取ったうえであえて）前回は話が聞けてない人が何人かいたけど，ほとんどいなくなってきたね」

| 検討を深めるコツ |

意図的指名で学びは深まるのか？

> どの意図で指名し，その次に
> 何を問うか

広島大学附属小学校　岩本充弘

1 学びを深めるためという意図で

　我々の手立てには教育的意図が伴うことが必要である。指名という手立てで言えば意図のない指名はないとも言える。しかしその意図の解釈は広い。問いを見出してほしい，考えを伝える力をつけてほしい，聞き取ってほしい，共通点を見出してほしい，解釈してほしいなど……。本稿における意図は「学びを深めるため」である。

　「学びを深める姿」を，それぞれの表現や考え，既習の学びのつながりを見方・考え方を働かせながら捉え，次の学びへの展望をもつ姿だと私は考える。我々は教材研究を通して，子どもに浮かぶであろう問いや考えを想定し，思考場面では選択的注意をもってそれらを探すことが多い。「１秒当たりの距離で比べているな」「等積変形しているな」「図にしたな」「式を変形させたな」「これを１としてみたのか」「補助線を引いて考えたな」「ん？　この子は『結局は』とかいてあるぞ」など…。

2 意図的指名と解釈をセットで

　集団検討場面では，それらの考えが出ることを期待するが，必ずしもその考えが出てくる日々ではない。時には他の考えの解釈が膨らみ過ぎることもある。そうした際には「Ａさんはどんな考えだったの？」「Ｂさんは

『結局』とかいていたけど，そのことを話してくれる？」と意図的指名を行う。

　本時のねらいの達成のため，学びを深めるために意図的指名によって聞き手に「他者の考え」を出合わせたい。そして，こちらの意図をもった指名による考えだけに，その考えをただ聞くだけでおわるのではなく，「『結局』って考えたＢさんのアイディアがわかる？　どうだった？」とその考えの着想や解釈の理解を促す問いをセットにしたい。そこに他者の考えに学ぶよさがある。

3 気を付けたい意図的指名計画

　しかしながら，異なる意図で指名する展開の可能性もある。一人一人の考えを把握し，「まずこの子を当てて，次の子の考えを当てて……」と指名計画を予め立てていく展開である。正答のみを扱えば，最短ルートでその教師にとっての本時にしたいことはできるかもしれない。しかし，その指名と指名の間に入ってくるつぶやきや問いに関わる余裕はもてるのだろうか。正答を取り上げてしまいがちで教師の都合を感じさせる授業を繰り返すと，子どもは大人に合わせていってしまう。そうした授業が主体的・対話的で深い学びとなり資質・能力が育つものとなるのか。誤答や解釈のずれ，気づきを共有，共感しながら学ぶ「最短過ぎないルート」も大切にしたい。

　そのためには，本時のねらいを定めながら，子どもたちの声で学びを創ろうとする教師の姿勢が前提であり，その上で深い学びを意図した指名のタイミングを授業者として考えることが大切である。

| 検討を深めるコツ |

「いいです」「同じです」で学びは深まるのか？

自分の発する言葉に自身が満足できる瞬間を作る

大分県別府市立亀川小学校　重松優子

1 話型のねらい

時々目にする，「話し方のきまり」や「話し方あいうえお」という掲示物。全体授業の中で見られる「○○だと思います。どうですか？」「いいです」「他にもあります！」と言いながら挙手をする子ども。いわゆる話型である。教師が子どもに期待する姿があるからこそ取り入れているものだろう。同じ意見を持つ子どもを瞬時に把握して他の意見の子を指名したい，話せない子が少しでも声を発する空間にしたい，自己主張をしてほしいなど様々な思いを持って授業している。その中で「同じです」と呟きが出ることは，教師側からするとよい方法に思えるのかもしれない。

2 子どもサイドから考えた場合

子どもの立場から，"本当に自分のための言葉になっているかどうか"を考えてみる。5年「面積」での学習を例にする。三角形の面積の求め方についていろいろな考え方が出てくる中で，Aさんが「三角形を切ってくっつけると四角形になったので，そこから求めました。」と発表したとする。

その後「いいです」という呟きが出た場合，その子の「いい」は何を指すのだろうか。発表者と考えが同じだからいいのか，違うからいいのか。発表内容が理解できたからいいのか，聞き取れたからいいのか。条件反射で声に出したもので，どうでもいいのか。この言葉だけでは等積変形か倍積変形かの見分けは難しい。2つの三角形を切ったのか，1つの三角形を切ったのかでは話が違う。すかさず「いい人はどんな考え方したの？詳しく教えて」などと教師が突っ込むと，大多数いたはずの「いいです」たちは目を上げず，下を向いて先生に当てられないようにするのだ。せっかく言葉を発したのに，言わなきゃよかったと思わせてしまう瞬間である。

3 子ども自身が満足するとは

言葉を決めてしまうと，子どもを停滞させる縛りになると常々感じている。その縛りに当てはめようと話して，逆に話せなくなる子もいる。うまく発表できないからこそ，自分の言葉で表現することに意味がある。足りない部分を繋ぎながら学び合うことで，子ども同士で深め合えると思っている。

私は言葉の縛りをなくし，「分からない」「なんで？」と言ってくれた子にフォーカスを当てて授業をしている。友だち同士で「Bさんが分からないっていう理由わかる？」と気持ちを考えさせ，「Cさんが『なんで？』って言ってくれたからわかった！」と子どもの発した言葉にお互いで価値づけられるようにしている。もっと聞きたいのか，わからなかったのか，どうしてそんな考えが生まれたのか。子ども自身が言葉を発したことで，「分かった！」「面白くなった！」「同じところに困っていたから言ってよかった」と満足できる時間を作ることにこそ意味があると信じている。

誤答やつまずきをどう生かすか？

学びをつなぎ，深めるきっかけ
～2年「2けたのたしざん」～

京都教育大学附属桃山小学校　西村祐太

1 みんなと違う考えは誤答か？

3＋32＋7を解く時に式を豊かに見て，3＋7＋32に並び替え，10＋32と見て計算できるようになって欲しいと考えた。そこで，

> いちごを3こもっています。
> はこの中に32こあります。
> ざるの中に7こあります。
> ぜんぶでいちごはなんこでしょう。

という問題を出そうと考えた。3＋32＋7と立式する考えと，本時のねらい通り3＋7＋32や10＋32と立式する考えが出ることを予想した。これは合併の問題なので，どの式も正解である。しかし，問題文に出てきた順番で立式していく子どもにとっては，3＋7＋32が誤答に見えるかもしれない。このつまずきを話題に取り上げることで，学級全体の問題文と式の見方が豊かになるのではないかと考えた。

2 自分たちでつまずきを乗り越える

授業では，予想通り3＋32＋7，3＋7＋32，10＋32の3つの式が出た。そこで，教師が「答えが同じだからどれも正解だね」と伝えた。すると，Aさんが「並べ替えてもいいけどダメ！」と発言した。そこで，「いいけどダメっていう気持ちがわかる？」と問うた。「出てきた順番に式にしていない！」，「並べ替えても計算できるよ！」と話し合いが進み，

「出てきた順番に式にするけど，計算する時は並べ替えて良い」と考えがまとまった。その時，Bさんが「Aさんの言っているダメは，そうじゃないと思う！」と発言した。Bさんは，「ヒントを出すね」と，開いた両手を目の前で合わせた。続けてCさんが，「これがダメってこと？」と，片手を固定して，開いたもう片方の手を固定した手に引き寄せて合わせた。つまり，Bさんは合併，Cさんは増加の操作を示し，増加場面では式を並べ替えることができないことを表現した。Bさんの考えをきっかけに，数図ブロックを動かす手の動きで問題場面を把握する見方を共有した。合併と増加とでは，式の立て方が違うことに気づいた子ども達は，「順番に書けばいいってことではないな」と『問題場面の把握』について深く考えた。この後，増加場面で立式と計算を切り分けて考えることにも納得することができた。

3 学びを深めるきっかけとする

教材の特性と子ども達の実態から考え，事前につまずきを予想することについて書いた。つまずきの予想は，子ども達がどこに疑問を感じるかを考えることである。そして，ある発言とつまずきをつなげて考えれば，学びを深めるきっかけになる。

つまずきには，その子なりの考えがある。つまずきに出会った場合に，その考えについて集団で検討することは，これまでの学びとつなげ，新しい見方・考え方を引き出すことができるかもしれない。そう考えると，子どものつまずきに出会うことが楽しく思えるようになる。

| 検討を深めるコツ |

予想外の発表や反応をどう生かすか？

「異」を解釈し価値を考える

新潟市立上所小学校　志田倫明

1 子供にとって授業は予想外の連続

子供にとって授業は「異」との出会いの連続である。自分とは異なる視点，異なる立場，異なる価値観を他者がもっていることを知ることで，それまでの自己の考えを変え，深めることができる。一人では創り出せないことに気付けるよさが，集団検討にはある。

例えば，三角形の内角の和を学習した子供が四角形の内角の和について考える場面。

A：「分度器で角度を測る」

B：「四つの角を切って集める」

C：「対角線で切って，三角形二つにする」

A児からすればB児，C児の発言は予想外で自分一人では創り出せない考えである。「異」との出会いによって，A児も三角形の内角の和を基に，演繹的に考えることができるようになるのである。

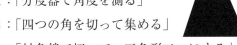

2 「異」との学び方を学ぶ

ここでD児が次のように発言した。

D：「三角形も見方によっては360°ですね」

これは，教師にも予想外の発言である。四角形の内角の和が360°と結論づけたい授業としては，厄介な考えにも感じる。どのように対応するか，悩むところである。

子供にとってはどうか。例えばA児にとっ

ては，先程のB児やC児の発言も今回のD児の発言も予想外の考えに変わりはない。もしここで，教師がD児の発言を取り上げなかったら，考えの価値を教師が独断で決めることになる。集団検討ならば，教師も子供と横並びで追究し，その価値を判断したい。そこで次の2つを問いかけるようにする。

「Dさんはどういうことが言いたいと思う？」

まず，みんなに解釈を促し，説明させる。

D：「三角形もイエのように線を引けば三角形2つになる。だから180＋180で360」

「この考えは，今解決したいことに役立つ？」

目的に立ち返らせ，考えの価値を判断させる。

すると，2つの捉えが出された。

エを頂点と捉えなければ三角形。エの角度180°を360°から引くことで，三角形の内角の和は180°であると確認できる。

エを頂点と捉えれば，角エが180°の四角形。頂点エがアウ上にある特殊な四角形という捉えである。三角形アイウの内角の和180°に角エ180°を加えて360°と求められる。

この特殊な捉えは，頂点を1つ増やすと内角の和が180°増えるという多角形の内角の和を求める際の説明にも役立つものとなった。

予想外を生かすことは，「異」からの学び方を学ぶこと。教師が子供から学ぶ姿勢をもつことで，自分と異なる考えを解釈し，価値を考える学び方を学ぶ機会とすることができる。

算数授業研究, 2023, No.148　　23

検討を深めるコツ

引き出したい考えが出ない時は，どうするか？

> 既習を振り返る発問

1 何のために「集団検討」をするのか？

「集団検討で学びを深める」とは，どのような状態なのだろうか。筆者は，以下5つの子どもの姿を想定している。

○子どもが無意識に働かせている数学的な見方・考え方を意識化・言語化する姿
○解決方法や表現方法をより簡潔・明瞭・的確なものに洗練していく姿
○複数の解決方法を比較し，それぞれのよさを見出したり，一般化をしたりする姿
○既習と未習（本時の学習）との繋がりを考え，統合的に考察する姿
○数の範囲や条件を変えて，他の場面でも成り立つかを発展的に考察する姿

これらを目指すにあたり，教師は授業のねらいに即して，集団検討で何を検討するのか，どんな言葉や式，図を表現できればよいのかなど，教材研究で具体的な子どもの姿を想定することが大切だと考える。

しかし，集団検討のときに，教師の想定に反して，子どもから期待する反応が得られないこともある。だからこそ，「既習を振り返る発問」を事前に準備しておく必要があると考えている。問題解決に必要な既習を想起させる，ねらいに沿った思考を促すなどの効果が期待できるからである。

2 第6学年「分数×整数」を例に

$\frac{3}{7} \times 2$ の計算の仕方を考える授業である。教師は，「分数のかけ数も，整数や小数と同様に『単位のいくつ分』で計算できる」という考えを引き出すことをねらっていた。

自力解決後，$\frac{3}{7} \times 2$ の答えは $\frac{6}{7}$ と $\frac{6}{14}$ の2種類に分かれた。お互いにそれぞれの考えを説明し合ったが納得できず，子どもたちの議論は平行線になってしまった。そこで，教師は「既習を振り返る発問」を想起した。

A. $\frac{3}{7} \times 2$ を他の式で表せないか？（$\frac{3}{7} + \frac{3}{7}$）
→たし算の式に直して正しい答えを導く
B. 分数のたし算はどう計算していたかな？
→「単位のいくつ分」に帰着して考える
C. 整数や小数のかけ算と似ている所は？
→整数，小数，分数を統合的に考察する

教師は「分母に×2をする」という誤答を修正する必要があると考え，Bの発問を行った。子どもたちは，$\frac{2}{7} + \frac{2}{7}$ を例にして，分数のたし算は「単位のいくつ分」を計算するということを振り返っていた。さらに，「なぜ分子にだけ×2をするのか？」という問いを考え始めた。そして，「分数のかけ算も，『単位のいくつ分』に着目すれば，整数や小数と同じように計算できる」という教師がねらう考えを引き出すことができた。

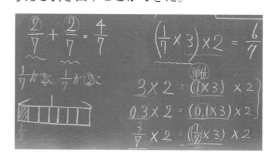

| 検討を深めるコツ |

考えのよさをどう共有する？

一人ひとりが考えのよさを
感得する授業を目指して

昭和学院小学校　二宮大樹

1 その「考え」がよいと誰が決めるのか？

「考えのよさ」を共有する際に，その「考え」がよいと教師が独断で判断していないだろうか。教師が「これだ」と認めた考えを，計画していた考えを，子ども達に共有させようと焦り，価値づけ，繰り返し発言させたり，ノートに書かせたりする。これでは，真の意味で，子どもたちはそのよさを感じていない。

その考えがよいと決めるのは，子どもたちでなければならない。子どもたちが決める以上，一人ひとりが「使える」「便利だ」と判断することが求められる。

2 1年生「たし算」の実践

4月に入学したばかりの一年生の子どもたち。たし算の単元で，初めて式を学ぶ。式は算数の言語であり，式から状況を見出すことができる。しかし，そのよさは，一部の子が気付くだけに留まらず，全員が見出さなければならない。そこで，パワーポイントで作成した以下のようなアニメーションを見せた。「まとあてをします。全部で何個当たりましたか？」

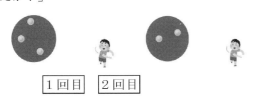

1回目　2回目

前時にたし算の式を学んだ子どもたちは，「式に表せるよ」と話す。式を板書するが，ここで，「すごいね」「素晴らしいね」と教師が価値づけてしまうのは時期尚早である。なぜなら，子どもたちの多くは，式化することのよさに気づいていないからである。ここで一部の子どもの考えと教師の価値付けを聞くだけでなく，そのよさに一人ひとりが気づかなければならない。

3 よさに気づく場をつくる

そこで子どもたちに，一回目と二回目の結果をノートに書いてみようと声をかけた。ここで，式のよさを感得していない子は，声を揃えて話す。「先生，1回目と2回目に何個ずつ当たったか覚えていません」つまり，3＋2＝5が状況を示していることを理解していないのである。ここで，よさに気づいている子どもたちにジェスチャーを使って，式の意味を表現させる。ここに至って，子どもたち全員にそのよさが共有できるのである。

子どもたちは，その考えよさ，価値に気づくことで，その考えを更に使ってみたくなる。実際に子どもたちは，この後，「式からお話を作ってみたい！」と全員が話した。改めて，共有の場を設定する必要性を感じた。

| 検討を深めるコツ |

板書をどう活用するか

> # 見方の可視化で学びを深める

兵庫県西宮市立鳴尾東小学校　久保田健祐

本実践は，5年生「合同な図形」の終末部に位置づく。五角形の内角の和について集団検討し，考えを深めていく場面である。

1 三角形〇つ分の見方を可視化する板書

授業冒頭，五角形を提示し「5つの角の和は？」と問う。すると，「750°」「540°」など，多様な予想が聞こえてくる。個人で考える時間を設け，その後共有する。すると，既習の四角形の内角の和が360°であることから，その2倍程の750°と考えた子達。一方，三角形の内角の和は180°であったことから，三角形→四角形→五角形と180°ずつ増えて540°になると考えた子達。この子達は，黒板に図を描きながら説明を始める。「四角形だったら三角形が2つ分。三角形だったら三角形1つ分。1つ分が180°だから，それがいくつ分かを考えるといいんだよ。」と。多角形を三角形いくつ分かで捉える見方を，青チョークで可視化させた。この見方の意識化が学びを深める布石となる。

2 見方を省察する板書

五角形の内角の和は，三角形3つ分であることから，540°であると結論付けた子供たち。

ここで，同じ五角形でありながら，違う線の引き方で分けた図を2つ提示する。

五角形の中に，左は三角形が4つ，右は5つとなっている。子供たちの計算では，左が720°，右が900°となり，「違う！おかしい！」を連呼。ここで，教師から「どこを見てそう思ったの？」と問い，着目したところを青チョークで明らかにさせた。すると，五角形の内角ではないところの角度も含めて計算していることに気づく子供たち。「左は，ここの180°は足しちゃダメな角だよ」と。「だったら右は，中心の360°を足しちゃダメ」と。板書の青チョークの部分を見つめ直し，三角形〇つ分という見方の中に，必要のない角を見出した。このように，集団検討では板書を活用し見方を可視化していくことが大切である。個々の論理を修正し，新たな論理を生み出していく過程において学びが深まっていくと考える。

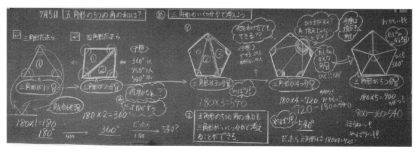

| 実は NG ワード？ |

「他にありませんか？」

> 引き出したい考えがある時は

宮崎市立江平小学校　桑原麻里

1 「他にありませんか」の意図

　「他にありませんか」と問う場合，①この解法を出させたいという思いがあってそれを何とか引き出そうという場合，②他にもアイディアを持っている子がいるかもしれないので聞いてみよう，大きくこの2つに分かれるのではないだろうか。①の場合，教師の強い思いが前に出過ぎて，子どもにそれが伝わりそうだ。「私の意見では駄目だったのだろうか」，「先生の求めている答えではなかったのだろうか」，そう考える子どももいるだろうとは思う。しかし自分も思わず言ってしまうことが多い。

2 それに代わる言葉があるのか？

　学級の子達に「先生が，他にありませんかと言う時があるけど気になる？」と聞いてみた。すると，気にしたことがないという声が大半だった。確かに，それを気にすることがないように，気を付けてきたことがある。

（1）子どもの声に徹底的に寄り添う

　この考えを出したいというものにたどり着くまでに，子どもが出した考えがまだたどたどしくても，直接出したいものにつながりそうでなくても，今はそれにじっくり向き合っているなと思う。遠回りと思っても，「他にありませんか？」より意外と近道のことがあ

る。焦らず，それを待つくらいの気持ちでやっていたように思う。

（2）「他にありませんか？」は期待の表れ

　授業の中で，様々な考えが表出し，子どもの思考がどんどんつながっていく時がある。そんな時には，「まだあるの？　凄いな。他にもあるの？　他にもある人？」と言って子ども達と共にその状況を楽しむ。そうしていると，「他にありませんか？」もそう気にならない。また，その後「みんな凄いね。教科書より多くの考えが出てるよ！　教科書を超えてるね」と話すと，「私達凄い‼」と盛り上がる。そういう雰囲気が出てくると，「他にないかな？」と思考を巡らせたり，自分達で「他にないかな」と話したりするようになる。

（3）教材提示の工夫やしかけ

　そうは言っても，児童が困る場面や授業の展開を事前に考えておかなければ，「他にありませんか？」を連呼することになる。

　3年生の「三角形」の導入で，辺の長さに着目させて仲間分けをする。二等辺三角形や正三角形を学ぶ時間である。その際，辺に色を付ける工夫もあるが，私は敢えて辺の長さ以外に目を向けさせて，それではうまくいかない状況を作り出し，「辺の長さ」という見方を引き出すという展開にした。

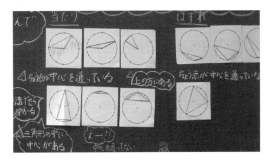

実は NG ワード

「共通した考えはありませんか？」

> 子どもが共通した考えに
> 気付く問題提示の一工夫

広島県三次市立十日市小学校　瀬尾駿介

1 子どもから共通性に気付く展開を

共通性に着目することは，統合的に考えることにつながる。教師から「共通した考えは無いか」と問うこともできるが，できれば子どもたちが必要感をもち，自ら共通した考えに気付けるような授業展開をつくりたい。

そのための方法の一例として，本稿では「同じ考え方を用いる問題を，複数同時に扱う」という方法について紹介する。

2 実践例　6年「円の面積（複合図形）」

円の複合図形の面積の求め方を考える時間を例に説明する。重要なのは，「既習の図形を組み合わる」ことで面積を求められることに気付くことだ。そのために，同じ考え方を用いる別の問題を複数同時に扱い，共通した考えに気付けるようにした。

授業前に，子どもたちに右のシートを渡し，好きな部分に色を塗ってもらった。子どもたちが考えたのは，下の板書に掲示している①～⑥の図形。これらを「面積を求めるの

が簡単そうな順番」に並び替える。

実際の授業では，子どもたちは下の板書にある①（簡単）～⑥（難しい）の順に図形を並び替えた。④，⑤，⑥は未習の図形である。

①から順に面積を求めていくと，途中で面白い反応が見られた。教室のあちこちから，何度も「あ！」「わかった！」というつぶやきが聞こえてきたのだ。

何が「わかった」のか尋ねると，分からなかった④の面積の求め方が分かったと言う。その子に考え方のヒントを出してもらうと，「④は，①と③でできる」とのこと。それを聞いた他の子たちも，「なるほど！」と納得し，「①－③＝④」（①から③を取った形が④）であることを共有した。

すると，「だったら⑤もできる。③－④だ！」「同じように考えたら全部できる！」と，子どもたちは騒ぎ始めた。「何が同じなの？」と尋ねると，子どもたちは，「⑤も⑥も同じように，他の図形を組み合わせることで面積を求められる」という，共通した考えを説明した。

本時では図形に①～⑥までの番号を付けたことで，②＋④等，番号で簡単に組み合わせ方を表現できるようになった。発問だけでなく，問題提示もまた，子どもの共通した考えを引き出す上で非常に重要であると考える。

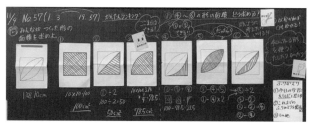

| 実は NG ワード |

「はかせ（どん）はどれかな？」

使う言葉の目的は何か？

豊島区立高南小学校　河内麻衣子

1 「はかせ（どん）」は何のために使うの？

　教員として働き始めた頃「はかせ」や「だいはかせ」という言葉をよく耳にした。「だれでも，いつでも，はやく，かんたん，せいかくに」という意味だと記憶している。

　この時の私は言葉の意味を解釈せず安易に使っていた。これは NG ワードなのか？

　例えば「かんたん」という言葉。6学年で「比をかんたんにする」と学ぶ。この場合，比の数を最も小さい数にするという意味で，割合を捉えやすくするために大切だ。また，煩雑な物事を簡単に分かりやすく整理することもある。だが，そこには「何のために○○をする」という目的がある。この目的を考えることが一番大事なのではないか。

2 試行錯誤する子供達

　5年生「合同な図形」の学習。合同な四角形のかき方を考える授業場面でのことである。前時に合同な三角形のかき方を考え，辺の長さや角の大きさのうち3カ所使うとかけることを学習した。子供達に辺の長さや角の大きさが明記されていない一般四角形を提示し「何カ所分かるとかけるかな？」と問い，予

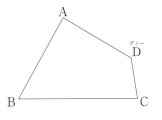

想をさせた。ここで大切なねらいは，合同な三角形の作図の仕方を活用して，合同な四角形の作図を試す中で，かくために必要な辺や角の大きさを見出すことだ。子供達からは4，5，6カ所の3つの考えが出された。各々が予想したカ所の数だけ辺の長さや角の大きさを測り，合同な四角形をかき始めた。

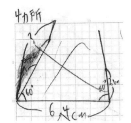

　右上図の子供は4カ所調べただけではかけないことを明記している。

　上記の子供は測った場所を記録し，何カ所必要かを書いている。

　上記の子供はなぜ6カ所測らなくて良いのか気付きを書いている。

　子供達の活動に「はやさ」や「かんたん」はない。むしろ，自分の考えと向き合い何度も作図を試している。

　「調べてみてどうだった？」と問うた。かく時に困った事や予想した内容と違った事が全体で共有された。

　「だいはかせ」。教師は使う目的を明らかにして子供へ投げかけるべきだ。

5つの軸で編む　筑波版「図形」カリキュラム

大野　桂

1　図形領域の問題解決を促進する5つの軸

課題

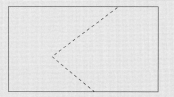

「くの字」で左右に面積が切り分けられて
いる長方形があります。これを，くの字では
なく，1本の直線で切り分け直します。ただ
し，切り分けられる左右の面積は，「くの字」
で切り分けられていたときと変わらないよう
にします。どのような1本の直線が引けます
か。図に書き入れましょう。

このような問題に直面したときに，「どんな
方法で解決できるだろう！」と興味を持ち，
様々な方法を想起して進んで問題解決に向か
って欲しいと願う。

(軸1)「平行」を捉えようとする心の働き

とりあえず図に
示す線を引いてみ
たとする。切り分
けられた右側の図
形に三角形が浮か
び上がる。

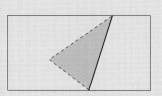

ここで，「平行
線を引いたら何か

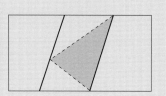

いいことがあるかも」と心を働かせ，三角形
の頂点を通り底辺に平行な直線を引いて
みる。

これが見えれば，「平行線間で頂点を移動
する三角形の等積変形」を用いることができ
ることに気づけるのではないだろうか。

図のように，三角形の頂点を長方形の辺上
まで移動し，三角形を等積変形すれば，左右
の面積が変わらない一本の直線が見える。

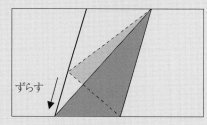

ずらす

このように，問題に直面した時に，「平行」
を捉えようとする心の働きがあれば問題解決
が促進する。

(軸2)「対称」を捉えようとする心の働き

問題解決を
促進する心の
働きは他にも
ある。先ほど

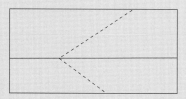

と異なり，「くの字」の頂点を通り，上下の
辺に平行になるような直線を引いたとする。

平行線の上側の長方形だけをみると，最初
に切り分けていた直線の中点を通る線で切り
分けたくはならないだろうか。

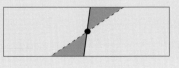

「中心を通る線を引く」という行為を引き起こしたのは，「対称」（点対称な形）を捉えようとする心の働きである。対称図形ということは面積は等しいので，「中点を通る直線」で区切れば左右の面積は変わらない。

これは長方形全体でも同様で，下側の長方形にも中点を捉え，互いの中点を通る直線を引けば，面積が変わらない１本の直線となる。

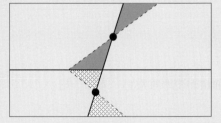

このように「対称」を捉えようとする心の働きも，問題解決を促進する心の働きとなる。

（軸3）「直角三角形」を捉えようとする心の働き

この問題場面で，「対称」を捉えようとする心の働きを誘発するのは「平行」だけではない。「直角三角形」を捉えようとする心の働きもまた，誘発するきっかけとなる。

長方形の辺に対して直角となる垂線を引くと直角三角形が見える。

その直角三角形をもとに長方形が見出せる。

この後は「対称」を捉える解決方法と同様で

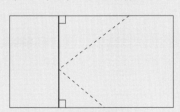

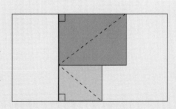

ある。対角線の中点を結ぶ直線を引くことで解決に至る。

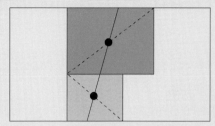

ちなみに，「直角三角形」を捉えようとする心の働きが誘発されたのは何故だろう。例えば，５年「三角形の内角の和」の授業場面でも次のように「直角三角形」を捉えようとする心の働きで解決に至る子どもがいた。

C　三角形は，頂点から底辺に垂直な線を下せば直角三角形に分けられるから……

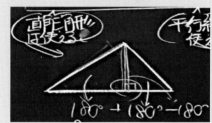

この考えは，５年「三角形の面積」の学習でも表出する。それ以外にも，「直角三角形」を捉えることで解決に至る経験は，１年生から様々な場面で経験してきている。

このように，「直角三角形」を捉えようとする心の働きもまた，問題解決を促進する大切な心の働きである。

（軸4）「合同」を捉えようとする心の働き

ここまで述べてきた３つの心の働きであるが，その心の働きを誘発するものの根底には，「合同」を捉えようとする心の働きがあると考えている。例えば４年「四角形」で，四角形の特徴を捉える際に働く。

平行四辺形→合同な三角形・台形が組み合わ
さった形

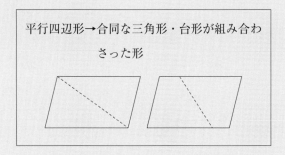

ひし形→合同な直角三角形・二等辺三角形が
組み合わさった形

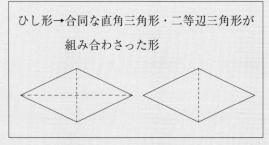

この『図形の中に「合同な形」を捉えよう
とする心の働き』は，5年「三角形・四角形
の面積」で求積方法を考える際に有効に働く
ことは容易に想像がつく。また，5年「三角
形の内角の和」の学習の，内角の和が180°で
あることを説明する場面で，次のように合同
を捉えて説明する子どももいた。

C　合同な2つの直角三角形を組み合わせると
　　長方形になるから……

C　二等辺三角形も，合同な直角三角形を組み
　　合わせた形だから……

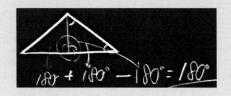

さらに，「対称」を捉えようとする心の働
きの例として先述した下の図だが，「合同」
を捉えよう
とする心の
働きとも解
釈できる。

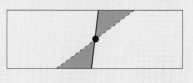

　そう考えると，「合同」を捉えようとする
心の働きは，あらゆる図形の問題解決の根底
となる極めて重要な心の働きであると言える。

（軸5）「（円の）中心と半径」を捉えようとする
　　心の働き

　図形の問題解決を促進する大切な心の働き
に，「（円の）中心と半径」を捉えようとする
働きがあると考えている。例えば，6年「図
形の活用問題」の中で扱った，次の問題で，
その具体を述べてみる。

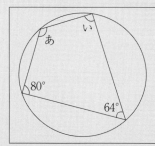

円に接している四
角形の角「あ」「い」
の大きさをそれぞ
れ求めましょう。

　「2つの角が分からない」という事象に直
面したことで，子ども達の多くは実測しよう
とする。しかし，実測以外に求める方法はな
いかを問うと，「四角形の内角の和が180°」
を何とか用いることはできないかと考え試行
錯誤を始める。しかし，結局はどうにもなら
なく行き詰まる。

　そんな中，「（円の）中心と半径」を捉えよ
うとする心を働かせ，「半径を引けばいいこ
とがあるかもしれない！」と，次頁図左にす

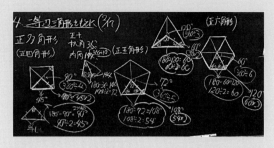

る子どもが表れる。すると，二等辺三角形が浮かび上がってきたので，二等辺三角形の底角は等しいことから，大きさを記号に置き換え，右図のように表した。

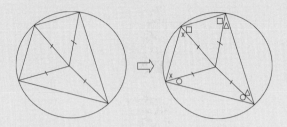

この図から，○△□×がそれぞれ２つずつあることに気づき，そこから「○＋△＋□＋×＝180°」になること，四角形の向かい合う角が「○＋△＋□＋×」となっていることを見出し，結論に至った。

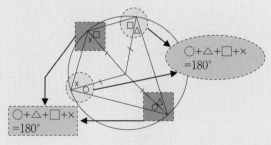

この「（円の）中心と半径」を捉えようとする心の働きが誘発されたのは必然である。例えば，５年「正多角形と円」で，「円の中心と半径」を捉える心の働きで直接的に問題解決できる経験を多数してきた。

このように，「（円の）中心と半径」を捉え

ようとする心の働きは，図形の問題解決を促進する大切な心の働きなのである。

２ ５つの軸で編む筑波版図形カリキュラム

図形の問題解決を促進する５つの軸について述べたが，それぞれの「心の働き」は，問題に直面した際に単体で働く場合もあれば，この問題解決には「平行」も使えるし，「直角三角形」も使えるかもしれないというように，多様な方法を考えるために並列に働く場合もある。さらには，「平行」を働かせてみたら「対称」が誘発されたとか，「合同」を働かせてみたら「直角三角形」が誘発されたというように，ある心の働きを発動させると別の心の働きが誘発される場合もある。

つまり，５つの心の働きは，それぞれが繋がり重なりながら絡み合って働くのである。その繋がり重なりあう５つの心の働きをカリキュラムに表したものが，次に示す『５つ軸で編む筑波版図形カリキュラム』である。

笠井調査官から見る 筑波版「図形」カリキュラム

算数科における「美意識」についての筑波版「図形」カリキュラムに寄せて

国立教育政策研究所教育課程研究センター研究開発部　笠井健一

1 「ということは，今までの形はきれいなの？」

7月17日（祝），オール筑波算数サマーフェスティバルに参加した。そのとき2年の「三角形と四角形」の授業を大野桂先生が行った。

前時において，「敷き詰めることはできるかな」という課題で，正方形や長方形を敷き詰める活動を行った後，直角三角形を敷き詰める活動を行っていて，その中で，直角三角形が敷き詰めることができるのは，次の3つのポイントがあることを確認していた。「直角三角形を2つ組み合わせると長方形ができるから。」「角が直角だからぴったりくっつくから。」「向かい合う辺が同じ長さだからぴったりくっつくから。」

そこで本時は，直角のない三角形は敷き詰めることができるかどうかをまず考えた。

最初子供たちは「直角がない，角が尖っている，斜めの辺しかないから，敷き詰められない」と言っていたが，実際に三角形をもって考え始めると敷き詰めることができそうという子供も出てきた。

そして「三角は二枚を合わせると，同じ長さの辺がある四角形になるから，敷き詰められる」といって，平行四辺形を作って見せた。

さらに，三角形2枚一組の平行四辺形は，本当に敷き詰めることができるのか確認した。また，別の長細い平行四辺形を作った子供もいたので，その平行四辺形でも敷き詰めることができることも確認した。

次に先生は，前時に示しておいた「たこ形」と「一般の四角形」についてできるかどうかを問うた。多くの子供はできないという。一人の子供に聞いた。「なんでできないの？」「四角形は四角形だけど。同じ辺の長さはあるけど，くっついたら変な形ができちゃう。きれいな形にならない。」「ということは，今までのはきれいなの？どこがきれい？」と一般の三角形を敷き詰めた図について，質問した。

子供は，上下の辺が平行であることを示した。すると，「他にもある！」と，斜めの辺も平行であること示す子供が続いた。

授業の最後には，一般の四角形は「ガタガタだけど」2つ組み合わせた形は，敷き詰めることができること。さらにはその形（六角

形）には，平行な組が３組ある形になること
にも気付いていった。

2 図形の美しさは指導要領解説にある

『小学校学習指導要領解説算数編』では，
「Ｂ　図形」領域のねらいの一つに次のこと
を挙げている。(p.50)
「図形の機能的な特徴のよさや図形の美しさ
に気付き，図形の性質を生活や学習に活用し
ようとする態度を身に付けること」

そして，図形の性質を日常生活に生かすこ
との一つに，次のことを挙げている。(p.55)
「一つ目は，図形の性質を生かして，デザイ
ンすること（模様づくりなど）である。辺の
長さの相等，角の大きさの関係等に着目する
ことで，敷き詰め模様をつくることができる。
第２学年では，正方形，長方形，直角三角形
の敷き詰め模様，第３学年では，二等辺三角
形，正三角形の敷き詰め模様，第４学年では，
平行四辺形，ひし形，台形の敷き詰め模様を
つくり，図形のもつ美しさが感得できるよう
に指導する。」

大野先生の授業では，２年生ではあるが，
平行四辺形の敷き詰め模様の中に，美しさが
あること，それが平行に起因することが顕在
化された。

大野先生は，この授業を行う際の教材研究
の中で，一般の四角形を敷き詰めると，四角
形の対角線を引くことで平行四辺形が見える
ことに感動したので，そのことを子供たちに
気付かせたいという思いで，指導案を書いた
のだそうだ。授業ではそこまでは行かなかっ
たが，子供たちは，敷き詰められる形には平

行があることまでは気付くことができた。

3 「美意識」と数学的な見方・考え方

筑波大学附属小学校では，「平行」を軸と
した「美意識」を育むカリキュラムを作成し
た。低学年は「平行の概念と性質の感覚づく
り」という段階である。その中で子供が行う
活動と問いの構成を明らかにした。

本時で当てはめると，「図形を敷き詰める」
という活動を次のような問いの構成で行うこ
とを示した。

「正方形や長方形は敷き詰めることができ
る」「直角三角形はどうかな」「なぜ敷き詰め
ることができたのかな」「直角がある・・・」
「直角がない普通の三角形は敷き詰めること
ができるのかな」「なぜ敷き詰めることができ
きたのかな」「平行がある・・・」「平行がな
い四角形は敷き詰めることができるのかな」

活動を通して，振り返りを行うことで見方
を顕在化し，見方をもとにしてさらに活動を
進めていく。

低学年の段階を経て，中学年の「平行の概
念と性質の獲得」，高学年の「平行の概念と
活用の活用」という段階に進む。

「平行」以外にも「直角・垂直」「合同」
「対称」「円」という軸についても考察を始め
ている。これら５つの，問題解決を促進する
心の働きである５つの「美意識」の研究は，
本年度でいったん終わりであるが，できれば
さらに深めていってほしいものである。

これらの「美意識」は，今回の学習指導要
領で，問題解決の際に働かせる数学的な見
方・考え方に他ならないからである。

軸1　　平行

「平行」を捉えようとする心の働き
― 「等積変形」に焦点をあてて ―

大野　桂

　前掲の問題で、等積変形することで解決に至った事例で示した図である。

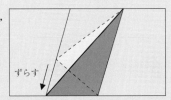

この解決方法を子どもが見出せた要因は確かな既習にある。そして、その確かな既習は、「5つの軸で編む筑波版図形カリキュラム」によって構築される。ここでは、「5つの軸で編む筑波版図形カリキュラム」の「軸1：平行」、その中の「等積変形」に焦点をあて、概要を説明してみる。

1　感覚づくり

　第1学年では、単元「色板あそび・身の回りの形」の中で、「平行の感覚づくり」を目的として活動を仕組んでいる。

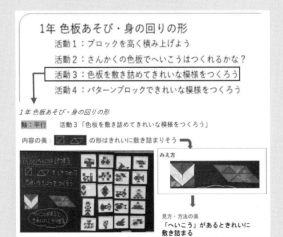

　これらの活動は、「等積変形」とは直接的には繋がらないが、「平行線間に敷き詰められる直角三角形」を見出させ、「等積変形」の素地となる感覚を身に付けさせている。

2　概念と性質の獲得

　次は、「平行の概念と性質の獲得」を目的とした活動である。

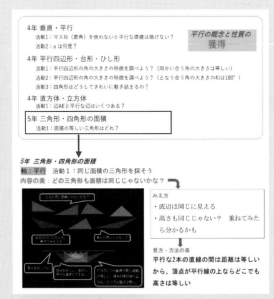

　これは、単元「5年：三角形・四角形の面積」の中で扱った「活動1：面積の等しい三角形はどれ？」であり、直接的に「等積変形」に関わる活動である。

　どこの長さも示されていない三角形を見て、「面積の等しい三角形はどれかな？」という課題で活動が始まる。

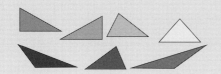

子どもたちは，底辺の長さが等しそうなことに気づき，三角形を重ねる。すると，高さも等しそうなことに気づき，そこから三角形の頂点を結んだ線を引き，平行線を見出す。

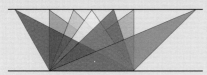

その結果，平行線間はどこも距離が等しいことを既習とし，「底辺の等しくて，平行線上に頂点がある三角形は面積が等しい」という等積変形の考えを獲得していく。

このような活動を通して，「平行線間の等積変形」の概念を獲得させている。

3 活用

次は，「平行の概念と性質の獲得」を目的とした活動である。

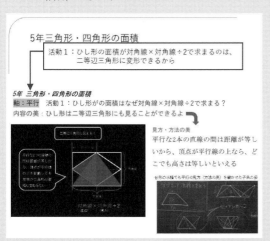

図は，「活動1：ひし形の面積が対角線×対角線÷2でもとまるのは？」である。この活動は，これまでの学びを活用することを目

的としている。

子どもたちは，図に示されるように，ひし形を囲んだ長方形の辺とひし形の対角線が平行であることに着目し，ひし形の左右の頂点を平行線上でずらしていく。

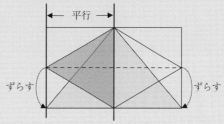

そして，「ひし形は二等辺三角形に変形できる」「平行線を引いてひし形の頂点を下にずらしても面積は変わらないから……」と，平行線の性質を「見方」として働かせる。

ひし形を二等辺三角形へと等積変形できれば，水平方向の対角線は二等辺三角形の底辺，垂直方向の対角線は二等辺三角形の高さになるので，「ひし形の面積は対角線×対角線÷2といえる」と説明するに至る。

また，台形の面積の求め方を考える場面でも，「平行線の性質を用いた等積変形」を用いて説明する子どもが表出する。

このように「平行」を問題解決に用いる子どもが多数あらわれるのは，「平行」を軸にしたカリキュラムの存在と，それを意識して教師が指導にあたっていること他ならないと考えている。

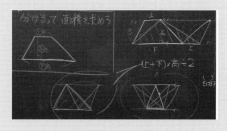

軸2　　**直角（垂直）**

基本図形を見いだし，活用しようとする心の働き

青山尚司

1　生活経験に根付いた直角・垂直

　日常生活のいたるところで見られる直角や垂直は，図形の学習に限らず，子どもの生活経験に強く根付いている。問題解決の際に直角や垂直を見いだそうとすることは，子どもにとって自然な心の働きである。そして，直角や垂直を見いだすことによって問題を解決することができた経験を重ねることによって，その心の働きは，持続可能な美意識として自発的に働くようになる。

2　直角を構成する感覚作り

　直角や垂直だけでなく，平行，合同，対称といった軸のスタートとなる重要な活動は，1年生の「かたちあそび」である。

　直角を問題解決に用いようとする子どもを育てるためには，直角がどのような角であるのかを意識し，直角を構成したり，直角で構成したりする経験を活動の中に取り入れていきたい。一般的に用いられる色板は直角二等辺三角形である。角度の学習をしていない1年生でも，45度の角を「とがったかど」，90度の直角を「しっかりしたかど」のように表現することはで

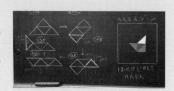

きる。そして，「とがったかどをくっつけるとしっかりしたかどになる」，「しっかりしたかどをくっつけるとまっすぐなせんになる」といった気付きは十分に引き出すことができる。

3　見えない垂直を見いだす経験

　4年生の四角形の学習は通常，平行が何組あるのかを観点として四角形を弁別していく。しかし，ここで垂直も弁別の観点としてみると，図形の中にある垂直を見いだそうとする姿が引き出される。

そこから子どもは，右のような直角がない等脚台形やくさび形の中にも，辺同士が垂直の関係になっている場合があることを見いだしていく。

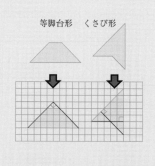

等脚台形　くさび形

　このように，見えないところにある垂直を見いだす活動は，直角と垂直の違いを意識し，意味理解を深める面白い活動である。

4　概念や性質の獲得から活用へ

　5年生の「図形の角」，四角形の内角の和を求める学習で，子どもはまず長方形や正方

形を使って説明するであろう。対角線を１本引くことによって，２つの直角三角形に分け，それぞれの内角の和が180度であることを根拠とするのである。ここで，直角三角形の直角以外の角の和が90度であることに触れ，それがどの直角三角形にも成り立つ性質であることを確認する。これによって，他の四角形においても右のように直角三角形を用いて内角の和が360度であることを説明する姿が引き出されていくのである。

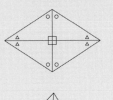

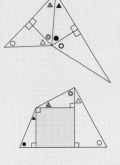

　求積の場面においても，直角三角形を用いて説明する姿を引き出すことができる。

　例えば，５年生の面積の学習において，縦４cm，横６cmの長方形を示し，１本の直線を引いて面積を半分にすることを促す。多くの子どもは，まず対角線や辺の垂直二等分線を引いて合同な直角三角形や長方形に分ける。それらの直線を少しずらして合同な台形に分ける子どももいる。この台形が長方形の半分

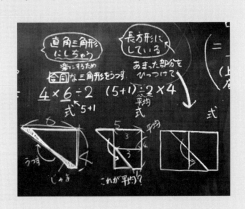

であることを説明する際に，台形を直角三角形に変形する方法や，合同な直角三角形の部分を移動させて長方形に変形する方法が引き出される。

　また，対角線の交点を通る直線であれば，すべて長方形の面積を二等分することも見いだすことができる。

　このように，多様な発想で解決できる問題場面を提示することによって，子どもは直角の概念や性質を獲得しながら，発展的に活用していくのである。

5 直角の活用

　これらの学習を積み重ねてきた６年生に，右のように面積が分けられた図を示し，「左右の面積を変えずに境界線を１本にできるかな」という問題を示す。

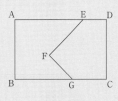

　この問題は様々な方法で解決することができるが，直角の合成や分解を繰り返し，そのよさを実感してきた子は，２本の境界線を対角線とした，

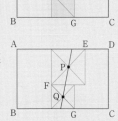

２つの正方形を見いだし，それらが対角線によって直角二等辺三角形に二等分されていることに気づく。そして，その対角線の交点を通る直線であれば正方形の面積を二等分できるという既習事項を活かし，２つの正方形の対角線の交点を結んだ１本の直線によって，面積が二等分されることを見いだすのである。

軸3　合同

「合同」な形を見ようとする心の働きを育むカリキュラムについて

森本隆史

1 軸3：「合同」を軸とした概観

　第5学年で「合同」の単元があるが，ここではその単元のことだけではなく，子どもたちが合同な図形を見ようとする心の働きを育むためのカリキュラムについて述べる。

2 カリキュラムの具体的事例

（1）感覚づくり

　第1〜3学年では，合同な直角二等辺三角形や正方形，正三角形，三角定規の直角三角形などの形を複数枚準備して，それらを組み合わせる活動を重視する。

　合同な形を組み合わせることで，正方形や正三角形，直角三角形などの形ができることを楽しんだり，線対称な形や点対称な形にふれたりすることが大切である。

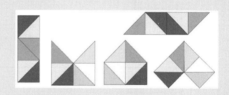

「合同」の感覚づくり

- 1年　色板あそび・身の回りの形
  - 活動1：パターンブロックを並べて「集合の形（正六角形）」を作ろう
  - 活動2：残りの半分を作ろう
  - 活動3：「さんかく」を並べて溝を作ろう（合同な図形の発見）
- 2年　三角形・四角形
  - 活動1：同じパターンブロックを並べて同じ形を作ろう
  - 活動2：同じ形を使ってちょっと大きな同じ形を作ろう
- 2年　正方形・長方形・直角三角形
  - 活動1：正方形や長方形に直線を引いて直角二等辺三角形を作ろう
  - 活動2：直角三角形をしきつめたらどんな模様ができるかな
- 3年　正三角形・二等辺三角形
  - 活動1：三角定規を使って四角形を作ろう
  - 活動2：三角定規をしきつめるとどんな形ができるかな

　例えば，第1学年では「形遊び」をするのだが，右上のように，「家や魚や船」といったものを作る活動がよく行われる。子どもたちは自分が作りたい形を思い思

いに作り，楽しむのだが，それだけではもったいない。そこで，右のように直角二等辺三角形で作った形を見せて「先生の友だちが形を作ったのだけれど，半分しか見せてくれなかったよ。これがその半分です。残りの半分はどこにどんなふうについているのかな？」と，子どもたちに問う活動を入れる。

　このように問うことで，子どもたちは下に示したような対称な図形を作ろうとする。

　ここでは，線対称とか点対称とか，言葉が大切ではなく，「感覚づくり」を大切にしている。1年生の段階でこのようなことをすることで，6年生になったときに，対称な図形を合同な図形の組み合わせだと，捉えやすくなる。

　また，第3学年で「三角定規を使って四角形を作ろう」という活動も取り入れた。

「四角形を作ろう」とあえて絞ることで，子どもたちは「三角形も作りたい」と言い出した。このような活動をすることで，正方形や正三角形の中に「合同な形がいくつもある」と子どもたちが感じることができる。

3 概念の獲得（盛山先生の実践）

4年生で右のような点を見せて「4つの点を結んで面積の異なる正方形をかこう」と子どもたちに言い，授業を始めた。このとき，左下のような正方形を作った子どもがいた。この正方形の面積を求めるとき，「合同な直角三角形があるといいのにな」という心の働きが子どもたちに生まれてきた。

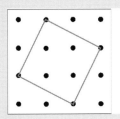

このような心の働きが生まれてくるのは，たまたまではなく，3年生までに「感覚づくり」をしているからと考えている。

4 概念の活用

「中学校へのかけ橋」として，6年生の子どもたちに次のような問題を出した。一辺の長さが10cmの2つの正方形を2回半分に折り，対称の中心を合わせて次のように重ねる。そして，重なっている面積を求めるという問題である。

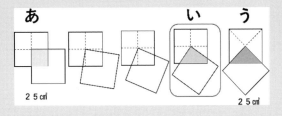

あ　い　う

2 5 ㎠　　　　　　　　　　　　2 5 ㎠

子どもたちは「あ」と「う」の面積が25 cm^{2}になるということはすぐにわかったが，「い」の面積については「多分これも25 cm^{2}だと思う」というところからスタートした。「あ」「う」の面積が25 cm^{2}になることの理由として，合同な形が4つあるから，10×10÷4＝25という式になるということである。

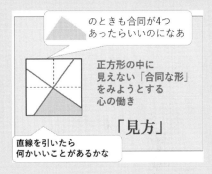

のときも合同が4つあったらいいのになあ

正方形の中に見えない「合同な形」をみようとする心の働き

「見方」

直線を引いたら何かいいことがあるかな

「い」の場合に，「合同な形が4つあるといいのにな」という見方が働くことが大切である。さらに右のように直線を引くと，合同な直角三角形が見えてきて，直角三角形を移動すれば正方形になることから「い」の面積も25 cm^{2}になることを子どもたちは見いだしていった。

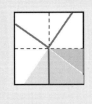

このように，ある図形を見たときに，「合同があるといいのにな」と，子どもたちが見えていない合同な形を見ようとする心の働きを育てることが大切となる。

軸4　対称

形の中に対称を見出していこうとする姿を引き出す

中田寿幸

1　軸4：「対称」を軸とした概観

　子どもはブロック遊びなどでできる対称な形のきれいさ，美しさ，心地よさを体験している。この対称な形を問題解決に生かせないかなと自覚的に働かせる姿を引き出したいと考えている。

　低学年で対称の感覚づくり，中学年で対称の概念の獲得，高学年で対称の概念と性質を活用するカリキュラムとした。

2　カリキュラムの具体的事例

(1) 対称の感覚づくり

　低学年では対称の形の安定性を捉える感覚づくりとなる活動を入れていく。

　「ブロック遊び」では，子どもが「きれい」と思う形をつくる活動を行う。

　同じ形を作って並べたり，左右対称な形を作ったりしながら，対称な形づくりを楽しむ。

　1年の「色板遊び」では直角二等辺三角形の色板で形を作っていく。できた形が同じなのか，違う形なのかを検討する際に，形をずらしたり（平行移動），回したり（回転移動），裏返したり（対称移動）しながら，同じ形の並びになっていないかどうかを判断していく。使う三角形の枚数を増やしていくと，「新しい形はできないか？」と，試行錯誤する場面が多くなっていく。

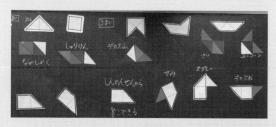

　直角二等辺三角形3枚でつくる下の形を示し，「残りの半分はどこにどうつくのか？」と問い，対称な形をつくる活動を行うこともできる。

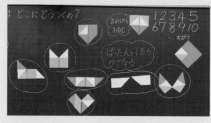

　できあがる形が「きれい」になっていること，「ぱたんとしたらかさなる」ことも子どもは表現していく。

3　対称の概念の獲得

　3年「三角形」の単元では折り紙で正三角形を折る活動を位置づけている。

正方形の折り紙を斜めに半分に折ってできた直角二等辺三角形を正三角形と考える子がいる。線対称になっているバランスのよい三角形ではある。しかし，回してみると辺の長さが違うように見える。そこで長さを測って比べてみる。折り紙を折って，辺を重ねて長さが等しくないことを確かめることもできる。

折り紙の上の辺の中心に二等辺三角形の頂点をあわせることで正三角形ができたと考える子がいる。できた三角形を半分に折っても辺がぴたりと重ならないことからこの三角形は二等辺三角形であるこ

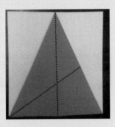

とがわかる。辺の長さだけではなく，角の大きさも折って重ねることで二等辺三角形の底角が等しいことが確かめられる。できた三角形が正三角形ではないことを見出す過程で，二等辺三角形との違いを学んでいく。

４年では，折った角の大きさを求めていく活動を位置づけた。

４年角　台形の紙を折り返しました。あの角度は何度ですか。

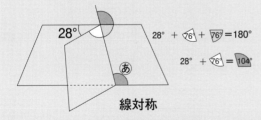

$28° + 76° + 76° = 180°$

$28° + 76° = 104°$

線対称

紙を折っているということは，対称な形ができるということであり，同じ長さの辺，同じ大きさの角ができるということである。同じところを見つけながら，問題解決に向かっ

ていった。

4 対称の概念と性質の活用

６年「円の面積」の単元の前に，正十二角形の面積を求める問題を位置づけた。

右のような正十二角形の$\frac{1}{4}$の形の面積を求める。できた二等辺三角形のどこを底辺と高さにするかが問題になる。正十二角形の中に

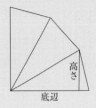

高さ / 底辺

は正六角形が６個入ることから，求めたい二等辺三角形の高さが右図のように底辺の$\frac{1}{2}$になる。これは，二等辺三角形を線対称の位置に見出すことで，底辺と高さ２つ分がどちらも正三角形の一辺となっているためである。

高さ / 底辺

線対称

６年「対称」単元では，折り紙で対称な形を作る。対称な形が合同な２つの図形からできていることを見出していく。線対称な形は折り紙を折って切って開けばできる。折り紙を２回折って切ると線対称でもあり，点対称でもある形ができる。しかし，線対称ではなくて点対称になる形を折って作るのは難しい。

線対称な形　　線対称でもあり　　線対称ではなくて点
　　　　　　　点対称でもある形　対称になる形

点対称は形は180度回せば合同な形が重なることが見出せれば，線対称な形の半分を裏返しに貼り付けることで点対称な形を作り出すことができるのである。

軸5　円

中心から等距離な点を捉えようとする心の動き

田中英海

1 軸5：「円」を軸とした概観

現行の学習指導要領では，第3学年で「円」を学習する。「円」を見いだそうとする姿とは，円の「中心と半径」を捉えることといえる。中心と半径を問題解決に生かせないかなと自覚的に働かせる姿を目指して，授業の子どもの姿からカリキュラムを構築した。

2 形の中心を捉える感覚作り

第1・2学年では外形の中心を捉える感覚づくりが大切である。パターンブロックで「右のシルエットを1色で作れるかな？」という活動では，右中段のように六角形を半分にしたり，正三角形を集めたりする姿がある。模様づくりでは，右下の点線のように正三角形を見いだすこともできる。

等距離な点を見いだして図形の中心を感じたり，内部に合同な図形に気づいたりする姿を価値づけて豊かな感覚を育てたい。

3 中心から等距離な点として概念を獲得する

「円」の概念の獲得では，中心からの等距離な点を意識させるような活動を「円と球」「三角形と角」の単元で入れていく。

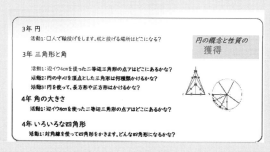

3年 円
　活動1：□人で輪投げをします。杭と投げる場所はどこになる？

3年 三角形と角
　活動1：辺イウ4cmを使った二等辺三角形の点アはどこにあるかな？
　活動2：円の中心を頂点とした三角形は何種類かけるかな？
　活動3：円を使って，長方形や正方形はかけるかな？

4年 角の大きさ
　活動1：辺イウ4cmを使った二等辺三角形の点アはどこにあるかな？

4年 いろいろな四角形
　活動1：対角線を使って四角形をかきます。どんな四角形になるかな？

円の概念と性質の
獲得

円の単元導入では「□人で輪投げをします。棒と投げる場所はどこになりますか？」と教科書のようにいきなり大人数ではなく，少ない人数から考えさせていった。棒を固定して，2人を動かす時は，棒から同じ長さにすることを板書のようにつかんでいった。

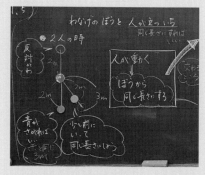

次に，2人の位置を固定し，棒を動かして等距離を考える活動を入れた。すると，板書のように2点の垂直二等分線上に棒が来ることを見いだしていった。これは二等辺三角形の作図の素地にもなる。

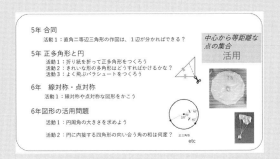

（※「中心」という板書は子どもの表現であり，辺の中点や垂直二等分線上をことを言っている）

4 概念の活用

第5学年「正多角形と円」に，正多角形をかいたり，つくったりするときに，円の中心や半径を捉えて問題解決に生かす姿を期待したい。

5年 合同
　活動1：直角二等辺三角形の作図は、1辺が分かればできる？

5年 正多角形と円
　活動1：折り紙を折って正多角形をつくろう
　活動2：きれいな形の多角形はどうすればかけるかな？
　活動3：よく飛ぶパラシュートをつくろう

6年　線対称・点対称
　活動1：線対称や点対称な図形をかこう

6年図形の活用問題
　活動1：円周角の大きさを求めよう
　活動2：円に内接する四角形の向い合う角の和は何度？
　　　　　　　　　　　　etc

中心から等距離な点の集合
活用

例えば，正多角形を折り紙で作る活動がある。この時，円の折り紙を渡すと，子どもが自覚的に円の中心や半径を捉え活かす活動にはならない。始めから円が見えているからだ。正方形や長方形の紙を提示し，それを折って切って正八角形を作る活動を入れたい。次の図のように，紙を3回折って直角三角形を作るところまでは比較的容易であるが，どこを切ればよいのか？　意見が分かれる。この時に円や，中心からの距離を意識する子どもに育てておきたい。

どこを切ると，正八角形になるかな？

円の中心と半径を捉えようとすることができれば，折り紙の折った中心から等距離な点を等辺とする二等辺三角形を見いだすことができるだろう。

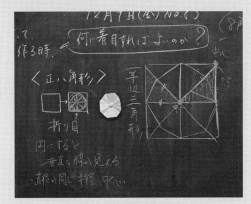

続く，正多角形の作図については，中心角を等分して二等辺三角形を先に見いだして円が見えてくるかき方と，円を先に見出して中心角を等分するかき方がある。

ある点から決めた長さをかく
中心角を5等分して角度を求める。
二等辺三角形を見いだす
正五角形から円を見いだす

円を見いだし
中心と半径を捉えて
中心角を6等分して角度を求める
正六角形をかく

このように，「円」の見方を自覚的に働かせる時，中心から等距離な点を意識させたり，二等辺三角形を見出したりして問題解決を進めることができる。点から等距離という見方は，6年の線対称や点対称の学習にもつながっていく。

５年生「速さ」自分たちの歩く速さでは？

佐賀大学教育学部附属小学校　**北島光浩**

1　春遠足のしおりをみると……

　児童が楽しみにしている春遠足。令和４年度は，新型コロナウィルス感染拡大の影響を受け，中止になってしまった。「来年度こそ！」と作成中の春遠足のしおりをみると，出発時刻が空白になっている。「歩いていくと，どれくらい時間がかかるのだろう」という問いから，授業が始まった。「時間は，道のりと速さで分る」という既習を共有した後，学校から遠足の目的地である公園までのルートを Google マップで調べることにした。すると，「道のりは3.3 km，間が41分」と分かった。「41分だ！　解決⁉」「いや，自分たちのしおりに使える時間なのかな」と新たな問いが生まれ，「自分たちが歩くと，どのくらいの時間がかかるのかな？」という問題を見いだした。

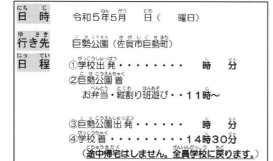

日時	令和5年5月　日（　曜日）
行き先	巨勢公園（佐賀市巨勢町）
日程	①学校出発・・・・・・・・　時　分 ②巨勢公園着 　お弁当・縦割り班遊び・・11時～ ③巨勢公園出発・・・・・・・　時　分 ④学校着・・・・・・・・・14時30分 （途中帰宅はしません。全員学校に戻ります。）

2　自分たちの歩く速さは……

　「○○君の歩く速さは，速かったね」「みんなで歩くのだから，一人で歩いたときの速さはダメ」と児童は呟き始めた。本単元では，自分たちが経験したことを基に速さの学習を進めてきた。児童は同単元の中で「佐賀大学見学の際に歩いた速さ（分速67 m）」「井原山登山の際に歩いた速さ分速48 m」「自分一人で歩いた速さ」を求めていた。春遠足のしおりには，どの速さを用いるとよいかを検討し，佐賀大学まで歩いた際の分速67 m を用いて考え始めた。

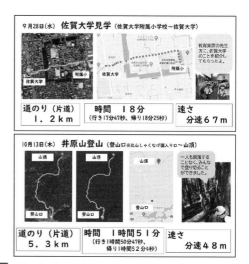

9月28日(水) 佐賀大学見学（佐賀大学附属小学校〜佐賀大学）		
道のり（片道） 1.2 km	時間　18分 (行き17分47秒、帰り18分25秒)	速さ 分速67 m

10月13日(木) 井原山登山（登山口※北山しゃくなげ園入り口〜山頂）		
道のり（片道） 5.3 km	時間　1時間51分 (行き1時間50分47秒、 帰り1時間52分4秒)	速さ 分速48 m

3　結果を考察し，更に学びを広げる。

　数直線図に表し，式にして，約49分の時間が必要であることが明らかになった。中には，Google マップの速さを求め，Google マップは分速80 m を想定しており自分達よりも速いことに気付いたり，ストップウオッチとメジャーを用いて測定しながら実際に歩くことで，速さを再現したりしている児童もいた。

　結果をもとに，全体で「11時に到着するためには，10時11分に出発するといいね」「49分は，50分として，10時10分でいいよ」と出発時刻を決めていると，「５年生だけでは，正確ではない」「１～４年生の速さを知りたい」「２年生が町探検をしていたから，歩く速さが分かりそう」「休けいの時間も考えると……」とさらに多面的に考え始めた。

　最後に，現在取り組んでいる「自然災害」をテーマとした STEAM 教育にいかせないかを問うと，「自宅から避難所までの自分の避難時間が分かる」「自分のオリジナルハザードマップに書き加えよう」というように算数科の学びを広げようとする姿が現れた。

※本稿は，全国算数授業研究会 月報第291号（令和5年1月発行）に掲載された事例です。

Monthly report

算数授業研究 GG ゼミ 実施報告

第20回『算数授業研究』GG ゼミ：2023/06/03（Sat.）
講　師：笠井健一，森本隆史（本稿文責）
テーマ：協働的な算数授業を実現する教師の構え

　GG ゼミナールは，がんばる先生，がんばる子どもたちのために，算数部で何か提案することができないかということで，実施してきました。

　そんな GG ゼミナールも，今回で，ついに20回目となりました。いつもは，算数部2人で提案してきたのですが，今回の GG ゼミナールは，教科調査官の笠井健一先生をお招きして行いました。

　テーマは「協働的な算数授業を実現する教師の構え」でした。

　前半は，「教師が意識するべき3つのポイント」というテーマで森本が話をしました。

　1つめのポイントとして，「子どもを見取ろうとすること」ということを挙げました。子どもたちは，どうしてまちがえたのかと考えることや，子どもが友だちの言っていることや考えていることがわかっていない状況におちいっていないかということを見取ることが大切だと述べました。

　2つめのポイントは「子どもの文脈・思考を考えようとすること」を挙げました。子どもたちがどうしてそう考えたのかを，教師は考える必要があります。

　3つめのポイントは「子ども同士をつなごうとすること」が大切だというお話をしました。どうすれば，子どもが思っていることを表出させることができるのかなどについてお話ししました。

　後半は，笠井先生が「協働的な算数の授業を実現する5つの構え」というテーマで話してくださいました。

　笠井先生は，「授業前」「授業中」「子どもの説明中」というように，それぞれの場面によって，必要な教師の構えがあることを提案してくださいました。

　一人一人の子どもが常に参加しているのかを気にかけて授業をすることの大切さや，子どもが迷っていることや困っていることを歓迎することの意味について語ってくださいました。

　また，ダイソーに売っている2種類の平ゴムを使った「割合」の飛び込み授業のお話もしてくださいました。笠井先生は，授業の中でうまくいったことだけを語るのではなく，実際に授業をしたときにうまくいかなかったことについても教えてくださいました。

　協働的な算数授業を実現するためには，困っている子どもをどのように大切にしていくのかということが話題の中心になりました。

　笠井先生，ありがとうございました。

データの活用×1人1台端末

さいたま市立大砂土東小学校　天野翔太

1 算数科の授業における端末の活用

　筆者は，算数科の授業において，「Teams」と「Kahoot!」を日常的に活用している。Teams は，ノートに書かれた図的表現等を共有するという目的で活用している。Kahoot! は，楽しみながら基礎的・基本的事項の定着を図ることを目的に活用している。

　一方で，「アナログとデジタルの両輪」は念頭におきつつも，領域によっては「アナログ」か「デジタル」のどちらかがより適切な場合がある。デジタル，つまり，端末の活用が，より子どもの深い学びを引き起こす領域が，「データの活用」だと考えている。

2 3年「棒グラフと表」を例に

　「データの活用」領域において，事象との出会いは非常に大事である。出会う事象が「意味のある事象」，つまり「子どもが自ら働きかけることができる事象であり，働きかける価値のある事象」でなければ，主体的な学びは育まれない。また，学級や子どもの実態によって，適切な題材は違うとも言える。

　筆者が担任していた学級では，日頃「Canva（デザインツール）」を常時活用していた。一方で，進級が近づくにつれ，他学年・他学級で使われていない「Canva」を含む様々なアプリ等が「使えなくなったらどうしよう……」という不安が見えるようになった。

　そこで，この状況を「意味のある事象」として取り上げた。対話を通して，「Canva 等のよさを先生方に伝える」という目的のもと，Canva を使って先生方への報告書を作成することになった。

　Forms を用いてアンケートを取ったり，Excel を用いて棒グラフに表すことを学んだりする中で，本単元で獲得したい知識・技能を習得していくとともに，「問題→計画→データ→分析→計画→データ→分析→結論」という統計的探究プロセスを回していった。

　以下の画像は，あるグループが作成した報告書の一部である。

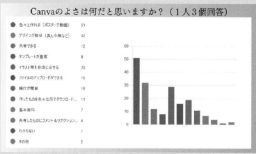

　およそ2時間の共同編集作業を経て，7ページの報告書を作成している。アナログでは，中々できなかったことではないだろうか？尚，別のグループの子どもたちは，「Teams」と「Kahoot!」でも同様の報告書を作成している。

3 最後に

　統計的探究プロセスの「データ」においては Forms や Excel が，「結論」の提示方法として Canva や Flip，PowerPoint（この2つは今回の事例では扱っていない）が，深い学びを引き起こすための道具として活用できるのである。

こだわりの授業を紹介！

見て、見て！ My 板書

算数の芽と算数の花

愛知教育大学附属名古屋小学校
松田翔伍

1 4年「垂直・平行と四角形」の授業

本時は，ひし形の対角線の性質についての学習である。対角線の交わり方に自然と着目できるようにしたいと考え，次の展開にした。

折り紙を大体半分に折ります。ぴったり重ならなくても大丈夫。次に，1回目の折り目を半分に折ります。最後に，図のように線を引いて，はさみで切ります。（板書左部分参照）できた形が，ひし形だったら，ラッキー！

このように四角形を作ると，全てひし形になる。子どもたちは，「絶対ひし形になるよ」と自信満々だ。そのわけを説明してみるという流れである。

2 板書への2つのこだわり

1つ目は，「算数の芽」を子どもの言葉で残すことである。「算数の芽」とは，数学的な見方・考え方や使えそうな既習の知識であ

る。さて，ひし形になるわけを説明しようと思うと言葉にすることは難しい。私は，「ヒントになりそうなことはありますか」と全体に向けて尋ねた。ある子が，「もう一枚の紙を見ると分かりやすい」と言って，四角形をくり抜いた折り紙を学級の仲間に見せた。私は，算数の芽のマークを黒板に貼った。それを見た別の子が，「同じが見える」と言って，くり抜いた部分の四角形の中に1本の線を引いた。（板書写真の①）1本目の対角線が見えてきたことで，対角線の交わり方やそれに伴って生まれる三角形に着目していくきっかけになった。

2つ目のこだわりは，「算数の花」を残すことだ。「算数の花」は役立った算数の芽にネーミングをしたものである。例えば，「基準（もと）に着目する」には，「モト（桃の花）」と名前を付けた。本時は，切る直前の三角形を基準として4倍したものが，ひし形になることをある子が説明して納得が広がっていった。（板書写真の②）別の単元で生まれた「モト」の花が，領域を横断した瞬間だった。何度も同じ見方・考え方をしていると自覚できれば，汎用性のある資質・能力となっていくだろう。

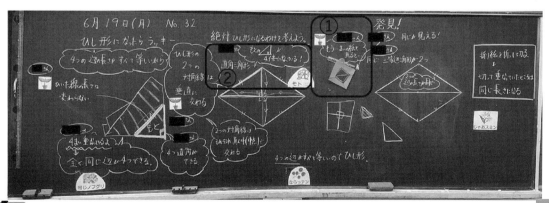

思考力を育む
おもしろ問題

単純なズレから思考力を働かせる

長崎国際大学　**浦郷　淳**

1 単純な問いでズレを生む

「正方形は何個あるでしょう。」

右の図を示して問う。当然，①の場合は1個となる。しかし，②の反応が分かれる。単純な問いであるが，4個と5個という答えが出て，ズレが生まれる。

2 実測から規則性を見い出す

続いて③の図を示した。

同じように問うても答えはばらける。そこで，ズレを活かし，「もし，②が4個の見方で見ると，③は何個になるだろう。」と問う。子どもは「9個」という答えを数えて出す。続けて④を提示する。時間差はあるが「16個」という答えも出てくる。それを受けて，今度は図形を出さずに，「次は何個？」と問う。すると，「25個」という子どもが出てくる。そこで，「どうして25個ってわかったと思う？」と他の子に問う。子ども同士で説明する時間をとると，黒板に「1・4・9・16」と残しておいたことから，その数字の並びを見て説明する姿が見られた。

④までは数えて考えていた子どもは，規則性に沿った説明を聞き，新たな見方・考え方を得ることができた。最後は実際に25個の図形を見せ，全員で確認し，「その次は？」と問うと36個・49個…とつながっていった。

3 次の見方に活かす

別の時間に再度①・②の図を示し，「②に5個の正方形があるのは，どう見たのだろう」と問うた。同じ図形なのに，答えが違う理由。当然，すぐに反応できない子もいた。お互いに説明する時間をとると，その中から「大きい正方形と小さい正方形」といった言葉が導き出された。異なる大きさの正方形があるということを価値づけ，板書に残した。

その上でタブレットに③・④を配信し，「②が5個の見方で見ると，何個だろう」と問い，子どもがどちらかを選択して考える場を設けた。子どもは自分が解きたい問題を選択し，答えを導き出していく。タブレットに書いては消すことを繰り返しながらで答えを求めていく姿が見られた。その後もタブレットを用いた全体表示，共有を行い，答えやその導き方を交流を通し，追うことができた。

4 整理して考える

解決の過程では，右図のように整理をして説明する意見が出た。

①	②	③	④
1	4	9	16
	1	4	9
		1	4
			1

言葉として整理はできないものの，表から，「前の個数に，次の平方数を足せば良い」という見方・考え方が導き出された。

最後に，「次は？」と問うと「25を足せばいい」という答えが返ってきた。単純な問題でも，実測から整理して考えることで，子どもの思考力は高まっていった。

SPOT-09
「ストーリーがある『通り』―定禅寺通り・東二番丁通り―」

仙台市立寺岡小学校　中村　佑

今回は，仙台駅前付近の２つの「通り」にスポットを当ててみたいと思う。

１つ目は，定禅寺通りである。地下鉄勾当台公園駅のそばにある通りで，真ん中には遊歩道があり，ベンチで休んだり露店を開いたりしている人がいる。イベントも盛んに行われ，９月はジャズフェス，12月は光のページェントがある。光のページェントでは，約60万個の光の中に，１つだけピンクの光が隠れていて，見つけたら幸せになれるそうだ。60万分の１の確率，皆さんは見つけることができるだろうか。

２つ目は，東二番丁通りである。仙台駅前の通りは，伊達政宗の居城である青葉城に対して，碁盤のように並んでおり，それぞれの通りは平行・垂直の関係になっている。しかし，東二番丁通り

は違っている。これは，一国一城令が出され，城を１つしか持つことができなかった江戸時代に，伊達政宗は晩年に住むことになる若林城を密かに建設することに由来する。若林城に対して，平行・垂直の通りも作られており，東二番丁通りはその一つになっている。密かに城を二つ持とうとした政宗の意図がこの東二番丁通りには現れる。

仙台にお越しの際は，「通り」からも街の風情を感じていただければと思う。

SPOT-10
「奄美大島と算数　――九州一の滝・大島紬」

鹿児島県奄美市立朝日小学校　永綱　彬

2021年７月の世界自然遺産登録から約１か月後，奄美大島では，地図にも乗らない巨大な滝が発見された。

断崖絶壁の海岸線にあり，陸地から見ることは困難なこの滝は，落差181ｍで，九州一の高さだという。実は地元では，以前から，「フーチブルの滝」「クルキチの滝」「ナナタンの滝」などの名称で親しまれていたそうだ。

南日本新聞の記事では，「和瀬集落では『ナナタンの滝』と呼ばれていた。和瀬出身で元県議の与力雄さん（76）によると，明治前後に商船が滝から水を補給するため，水をはじく大島紬７反（84メートル）を使ったとの言い伝えに由来する。」と説明されていた（九州最大級の名無しの滝 呼び名はあった，南日本新聞2021-9-17）。

大島紬とは，世界三大織物として知られる，奄美の伝統工芸品である。本来，大島紬とは，長さ12.4ｍ以上，重さ450ｇ以上など，24項目の厳重なチェックに合格したものを指す。経（たて）糸の密度の単位を「算（よみ）」という（１算＝糸80本）。13算や15.5算などが一般的で，算数（よみすう）が高いほど，緻密になるそうだ。数十万円とも言われる大島紬，一度は袖を通してみたいものである。

ここまで，多くの単位とともに，奄美の自然や特産品を紹介した。今年，奄美は日本復帰70周年という節目の年を迎えた。自然，歴史，そして算数を感じに，ぜひ奄美へ。

（撮影：浜田太，「南日本新聞2021-9-17」）

GIGA スクール構想の現状
── 端末活用の３つのフェーズから

放送大学　オンライン教育センター　中川一史

GIGA スクールがスタートして約３年経った。端末活用フェーズとしても，第一フェーズの学校や自治体はほぼなくなり，現在，多くの学校や自治体では第二フェーズではないだろうか（図1）。

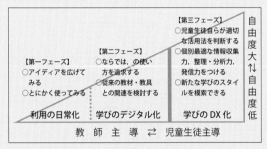

図1　端末活用の３つのフェーズ

算数・数学の ICT 活用を例にあげる。文部科学省から2022年に公開された「学習者用デジタル教科書実践事例集」によると，小学校５年「四角形と三角形の面積」で，「デジタル教科書の図形の切り貼りなどができるデジタルコンテンツ上で，既習の面積の求め方を使いながら，台形の面積をどう求めるか試行錯誤して自分の考えを深める。デジタル教科書上での書き込みや図形の性質を根拠に，自分の考えを友達に説明する。」などが紹介されている。ここでは，そのメリットとして，「デジタル教科書は直接書き込むことを抵抗感なく行えるため，児童は失敗を恐れずに何度も試行錯誤を繰り返すことができる」こ

とや「試行錯誤を繰り返す中で，公式に繋げられるような色分けや式作りができるようになり，粘り強く，主体的に問題解決に臨む力が育成できる」ことがあげられている。

算数・数学に限らず，学習者用デジタル教科書そのももの活用では，デジタル教科書を活用した学習方法の例として，「拡大」「書き込み」「保存」「背景・文字色の変更・反転」「ルビ」「動画・アニメーション」「ドリル・ワークシート等」「大型提示による表示」「ネットワーク環境による共有」など，デジタルの良さを活かした例が示されている。

また，文部科学省から2022年に公開された「教育の情報化に関する手引（追補版）」では，「データを表に整理した後，いろいろなグラフに表すことがコンピュータなどを用いると簡単にできる。目的に応じて適切にグラフの種類や表現を変えることで，結論や主張点がより 明確になる。このようなコンピュータなどを用いてグラフを作成するよさに触れることも大切」としている。

当面，デジタル化されるメリットを追究し，これまでの紙のワークシートやノート等でできなかったことを追究していくこと（第二フェーズ）は大切だが，もしここでとどまるのであれば，何も無理に１人１台環境を使い倒

さなくても，学校3人に1台の端末環境を使い回していくことで充分対応できると思われる。

第三フェーズを視野に入れるのなら，これまで（まさに子どものために最適だと思って）教師がやってきたこと（例えば，これまでのノートの取らせ方，板書のあり方など）を，一度立ち止まって考えるタイミングがきた，と言える。誤解を恐れずに言えば，もっと日本の教師は不親切になるべきだと思っている。一生懸命な教師，真面目な教師であればあるほど，良かれと思って手取り足取り押し込みすぎていたのではないかと考える。むしろ，この教材をどのように出合わせればよいのか，ここで個人思考を深めるためにはどんな間を取れば良いのかなど，それらに注力すべきであろう。中央教育審議会が2021年に公開した「令和の日本型学校教育」の構築を目指して〜全ての子供たちの可能性を引き出す，個別最適な学びと，協働的な学びの実現〜（答申）【概要】では，2020年代を通じて実現すべき「令和の日本型学校教育」の姿として，個別最適な学びと協働的な学びの一体的な充実の実現について示しているが，この中の個別最適な学びの「学習の個性化」では，子ども自身が自己調整することに言及している。この自己調整力の育成こ

そ，第三フェーズ実現の鍵となるだろう。

また，教師が教育データを指導や評価に活かせることはもちろん One of them として重要なことだが，第三フェーズをゴールにするならば，子ども自らが足跡を分析し，学びの深まりや広がりにどのように活かせるのか，ここに本格的にリーチしていかないと，結局はDX（デジタルトランスフォーメーション）手前のデジタライゼーションで足止めということになってしまう気がしてならない。

「個別最適な学び」とはいったい何なのか？子どもたちにどのように自己調整力をつけていくのか。本誌では，算数という教科からのアプローチで追究していってほしいと願っている。

（参考資料）

文部科学省（2022）学習者用デジタル教科書実践事例集．https://www.mext.go.jp/content/20220427-mxt_kyokasyo02-000022288_01.pdf
文部科学省（2022）教育の情報化に関する手引（追補版）．https://www.mext.go.jp/a_menu/shotou/zyouhou/detail/mext_00117.html

数直線図　高学年の数直線図の具体的な指導

田中　英海

ツーランク アップの ポイント	①比例を意識させる ②単位量当たりの大きさと比例を関連付ける ③量の大きさを意識して図をかかせる。

1 「数直線図」の指導の段階

　第5学年以降は問題解決のために子どもが自分でかくものである。子ども自身が数直線図をかく目的が明確にもてるように指導していきたい。主な目的としては，立式の根拠と計算の仕方に分けることができるが，共通してその背景にある比例関係について考察を深めることが大切である。

2 表と図を関連付け，比例を意識させる

　3・4年の乗除でのテープ図＋数直線図

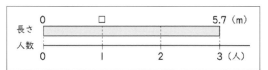

そして2本の数直線で，それぞれの量や倍を表す数直線図へと移行していく。

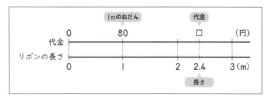

そして4マス関係表も記載されている。

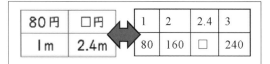

（いずれも学校図書HP　図,表の系統性より）

　これらの問題場面の二量の比例関係を仮定

する意識をもっているかで，図や表の解釈が変わってくる。

　比例とは，「伴って変わる二量の変化の関係に着目して，一方の量が2倍，3倍となる時，それに伴ってもう一方の量も2倍，3倍になる」という関係である。左下の数直線と関連付けてみてほしい。

長さ（m）	1	2	3	…	□
代金（円）	80	160	240	…	

　子どもは長さが2倍，3倍になれば代金は2倍，3倍になることを疑わない。例えば，下のようなテープであれば，長さが2倍，3倍になった時に値段が2倍，3倍になるといえず，代金はリボンの長さに比例していない。

　乗除は比例関係を前提とした演算であり，比例関係を仮定している。そのため数直線や4マス関係表は，比例関係を仮定したもので，左のような表の一部と取り出したものと捉えさせたい。立式の根拠や数量の関係を捉える目的の時は有効なツールとなる。なお，基準量を表は上，数直線は下に表すことが通例となっている。

3 単位量当たりの大きさと比例を関連づける

5年「単位量あたりの大きさ」の中盤

> ガソリン45Lで720km走る自動車があります。ガソリン32Lでは何km走れますか。

単位量あたりの大きさを問わずに，帰一法や倍比例の解決が必要な問題を示した。「距離はガソリンの量に比例すると仮定して」「Lとkmが同じ数ずつ増えていく」と言語化されていった中でも，差で解決を試みた子がいた。

$45-32=13$ $720-13=707$

これに対して「これだと1km 1Lの車になるよ」という意見があり，「0L，675km」となることが示された。違うことが分かったものの，どう解決してよいか見えていないようであった。比例を仮定する，二量が伴って変わる関係をつかむことは難しい。

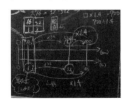

これに対して，上の数直線で$720÷45=16$という式と，比例を意識し45倍の逆だからと，$720÷(45÷1)$という式で1人あたり16kmを求めた。そして，$16×32$という式で322の距離を出した。授業のまとめでは，比例について「単位量あたりが，2倍，3倍になるにつ

れて2倍，3倍になる」「基準の1を同じように2倍，3倍していく」ということを数直線で説明していった。このように差と倍の違いや変わらない関係の二量が伴って変わることを捉えさせていくとよい。

4 量とめもりの幅を意識させる

数直線図や4マス関係表は，数量の関係を形式的に表せる。この形式のよさを感じさせつつも，計算の仕方を考える時は，数の目盛りの間隔を意識して書かせ，量の大きさを捉えさせたい。

6年生の分数のかけ算，わり算においては，数直線図や面積図で計算の仕方を説明する活動がある。特に面積図で計算の仕方を考えだすことは難しいが，計算の仕方の過程を捉え直すと視覚的に分かりやすい。この時，数直線の目盛りを等間隔にとることは，単位とする分数を捉えさせることにもつながる。「$\frac{3}{4}$dLで$\frac{2}{5}$m²ぬれるペンキが1dLある時，何m²ぬれるか」という問題がある。$\frac{1}{4}$dLの量になれば面積を3等分になるし，$\frac{1}{4}$dLのペンキが4倍になれば面積も4倍になる。

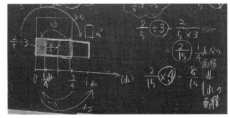

単位量となる$\frac{2}{15}$m²を捉えさせるには，縦に区切っていく必要があるが，二量の比例関係を捉えることができれば，1dLの液量でぬれる面積を求める計算過程はより見えやすくなる。

簡単な比例の見方

−赤信号の待ち時間表示の公開授業の続き−

田中英海

1 赤信号の待ち時間表示の教材

前147号で報告した，5月13日（土）の『算数授業研究』公開講座の公開授業の続きである。

4めもり36秒の待ち時間の赤信号が，赤に変わった瞬間（8めもり）の待ち時間を考える問題を，子どもたちは，

帰一法　$36÷4=9$，$9×8=72$（秒）

倍比例　$36+36=72$，$36×2=72$（秒）

といった方法で72秒の待ち時間を見出した。

2 秒数とめもりが伴って変わること

前時を振り返った後，$36×2=72$がどこから出てきたのかを問い返した。秒数だけでなく，めもりも同じように倍関係になっていることを発見した。そして，1めもり9秒，4めもり36秒，8めもり72秒の間において，矢印のように，めもり，秒数がそれぞれ倍関係で変わっていることをまとめていった。

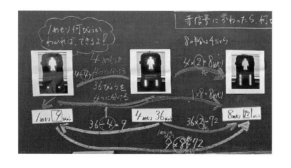

この時，テープと数直線を組み合わせた図

表現について，子どもと一緒に確認しながら触れた。

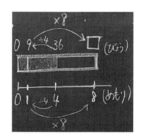

3 帰一法，倍比例ができない事象

次に「6めもり27秒という赤信号は，何秒で青になったか」という問題を提示した。子どもは，「半分や倍で求められない」「1めもりの時間が分からない」「12めもりだったらいいのに」と帰一法でも倍比例でも解決できないことをつかんだ。「1めもりが分からない，半分や2倍じゃない時にどうすればよいかな？」と問いをまとめた。

2めもりが分かれば4倍で8めもりの秒数が求められることが分かるという見通しはもてたものの，6めもり27秒から2めもりの秒数を導き出すことができたのは数名であった。2倍や半分は見えやすいものの，3倍の関係は，わり算の学習を終えたばかりの3年生には見えにくいのかもしれない。

そこで，次のようなテープ図をかいた児童の意見を指名した。

6めもり27秒から，7，8めもり分を点線で表現した図である。7，8めもりの点線から2めもりごとの分け方を見出し，2めもりごとに区切っていった。すると，2めもり9秒が見出せることを多くの子が理解した。

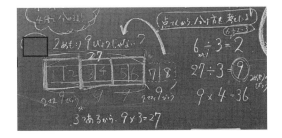

この図を通して，6めもりを3等分した2めもりが，27秒を3等分した9秒であることをつかんでいった。そして，2めもり9秒のユニットが3つあるから6めもり27秒であることをかけ算で確かめた。これをもとに全体の8めもりの場合は，9×4=36（秒）であることを解決できた。帰一法や倍比例も使えない問題で見つけたユニットを基準にしての解決は，比例関係を活用した姿といえる。

4 比例関係が使えない信号を問題に

数日後の朝，「いんちき信号を見つけた！」と下校時の信号は，めもりの減り方が一定でなかったと報告があった。

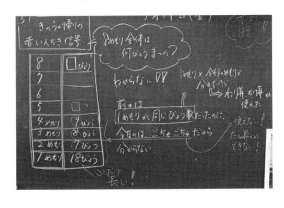

最後の1めもりだけ長い時間になっていたとのことである。今までの信号と比較させると，1めもりの秒数が同じでないと全体の8めもりの秒数が求められないこと，かけ算やわり算を用いることができないことに気づいた。時間とめもりが伴って変わらない比例でない事象と向き合うことで，かけ算やわり算が適用できる背景に気づくことができた。

5 まとめ

事象にある比例関係を意識するために，秒数とめもりの二量の変化が見えやすくする指導の工夫は必要があるが，連続量である時間と分離量である待ち時間表示は，可能性のある教材であったと考えている。6めもりから2めもりへの÷3の関係を見いだすのに困難が見られた姿を踏まえると，第3学年の後半で「かけ算」の学習を深めた後や第4学年の方がより比例関係を捉えられる可能性はある。また，二量が比例関係になっていない事象と向き合う時，かけ算やわり算を使えるよさを感じるきっかけになっていった。教科書ではほとんど扱わない比例関係でない事象にも時に向き合わせることも必要である。

余談であるが，数日後その信号を撮影すると待ち時間表示の時間は一定であり，感覚的なずれであった可能性があった。待ち時間表示は，赤信号が変わる前の横断を防ぐ効果があるらしい。最後の1目盛りは，感覚的に長く感じるのかもしれない。もし待ち時間表示のめもりと秒数にばらつきがある信号を見つけたら，連絡いただけると幸いです。

TANAKA Hidemi

AOYAMA Shoji

MORIMOTO Takashi

OHNO Kei

NAKATA Toshiyuki

SEIYAMA Takao

NATSUSAKA Satoshi

互恵的に学ぶ集団を育てる授業づくり

9の世界

青山尚司

1 □0÷9＝？

「あまりのあるわり算」を学習した3年生の子たちに、「練習問題です」と、「10÷9」という式を示すと、「簡単，1あまり1」という反応があった。続けて、「20÷9」、「30÷9」、「40÷9」、「50÷9」と板書していくと、「同じだ」、「ホントだ」と盛り上がりだした。「そっか，同じなんだ」と，5つの式すべてに「＝1あまり1」と書き足すと、「ちがーう！」、「そういう意味じゃない！」と怒り出す。「じゃあ，どういうこと？」と問うと、「答えとあまりが同じっていうことだよ！何やってんの？」と叱られた。我慢できなくなった子が前に出てきて、「2あまり2」、「3あまり3」と、修正していく。そうこうしているうちに、ノートに「60÷9」、「70÷9」、「80÷9」と書き足していく子もいる。「あ！わかった！」、「リセットされる」などと、勝手に話し合い始める子もいる。

2 9の世界では

「何がわかったの？」と問うと、「全部答えとあまりが一緒」という反応が返ってきた。「ホント？」と言いながら、「80÷9＝8あまり8」までを確認していった。そして、次の90÷9がどうなるのかを問うと、「9あまり9」という子がいた。すると、「あまりが9だとおかしい」という声が聞こえた。そして、「9あまり9でも，9×9＋9＝90だからおかしくないけど，9×10の方が早くできる」、「10－1＝9だから，9が1つで1あまる」と発言が続いた。

さらに、「90÷9は，90の中に9が何個あるかを考えるから，あまりが9だったら，「こっちにちょうだい」って言って，商が1増えて10になる」という発言があった。

するとある子が前にきて、「9が1ってことは，18は2で，27は3っていうこと」と言った。「どういうこと？」という子に対してその子は、「9の世界では，9が1つで1っていうこと」と言った。そして、「あまりが9ってことは，これも9の世界に行けるから，商を

9じゃなくて10にする」と続けた。「あ～！」と納得の声が聞こえた。こうして，「商は，9の世界に行った数」という気付きが引き出された。また，「÷3だったら3の世界」という子もいて，「そっか，世界はわる数で決まるんだ」という発言につながった。

❸ あまりと商はなぜ同じ？

ここで，「でも，あまりがなんで商と同じなの？」という疑問が出てきた。これに対して，「9は10より1小さいでしょ？　だから，10を9で割ると1あまるのね。で，20を9で割るっていうことは，10÷9が2個分なの」という説明がなされた。

「どういうこと？」という子がいたので，マグネット10個を黒板に示し，「これで説明できるかな？」と促すと，ある子が，その右端の1個を裏返して色を変えて見せた。そして，「この9個のまとまりが1個でしょ？　だから商が1になって，青いあまりは1個あるっていうこと」と説明がなされた。すると，「先生，もう1個同じのを貼っていい？」という子がいた。

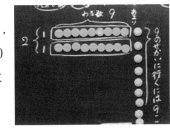

やらせてみると，最初に貼った10個の下に新たに10個を貼った。「こうすると，9のまとまりが2個で，あまりも2個になるでしょ？　だから，全部で20個を9で割ると，9の世界に2個行けて，9の世界に行けない

子が2人ってことなの」と説明したところでチャイムが鳴った。そして，「どうしても言いたい」という子が，「この子達（あまり）が9の世界に行くには，9人そろわないといけないから，割る数も商も9になる，90÷9のとき」と説明した。

❹ 「位」と「世界」

この，「9の世界」という絶妙なファンタジーが生まれた背景には，子どもたちの学びの履歴がある。この子たちは，筆算や大きな数など，十進法が内在する学習においても，一の位を「1の世界」，十の位を「10の世界」，百の位を「100の世界」と呼んでいた。そして，「1の世界」で仲間が10人集まると，「10の世界」へ旅立つことができるという物語を楽しんでいたのである。

「位」という言葉は，十進法の仕組みを端的に表しているが，決められた階級という印象がある。それに対して，「世界」という言葉は自由度が高く，10や100といった十進数のまとまりでなくても違和感がない。「9の位」とは言わないが，「9の世界」ならば想像しやすいのである。もしも十進法の学習において，「位」という言葉を使うように統一していたら，子どもたちの自由な「世界」は閉ざされていたかもしれない。

子どもたちから生まれた言葉には，大きな説得力が内在している。そしてそれらは，互恵的な学びの土壌となる文化として定着していくことを改めて感じた授業であった。

TANAKA Hidemi　AOYAMA Shoji　MORIMOTO Takashi　OHNO Kei　NAKATA Toshiyuki　SEIYAMA Takao　NATSUSAKA Satoshi

授業前に見せ方と問い方を考える

森本隆史

　以前，本校算数部の青山尚司先生が5年「単位量あたりの大きさ」のことについて，話してくださった。過去にどのような導入をしたのかという話である。ここではその詳しい内容は割愛させていただくが，これから書くことは，そのことを参考にして，わたしがした授業について記している。

　青山先生は，いくつかの水槽と，その中に金魚が入っている場面を子どもたちに見せる導入について語ってくださった。

　このように教材について，校内の先生からお聞きできる場は大切にしたい。水槽と金魚。そのお話を聞きながら，「おもしろいな。自分だったら，どういうふうに授業をするかな？」と考えていた。

　3つの水槽を子どもたちに見せるとする。このときに，水槽の大きさはどのように設定すればよいのだろうか。それぞれの水槽に金魚を何匹入れるようにすればよいのだろうか。子どもたちにどのように見せるとよいだろうか。金魚を見せた後，どのように問えばよいだろうか。

　水槽の大きさと金魚の数をどのように設定するのかによって，子どもたちが考えることが変わってくる。授業前に，そのことをイメージしながら考えるのが，「授業前の判断」として大切なことになる。

【第1時について】

　わたしは3つの水槽の大きさを，10 L，20 L，30 Lに設定した。そして，金魚が全部で18匹いると子どもたちに伝えて，この18匹の金魚を3つの水槽に分けていくということを伝えて授業を始めた。

　どのように子どもたちに見せていけばよいのか迷いながらも，6匹ずつ分けていく様子を，子どもたちに見せていった。

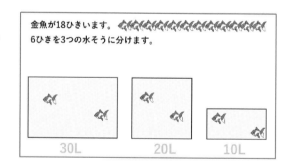

　はじめの6匹を見たときの子どもたちの反応は薄かった。次の6匹を見せる。

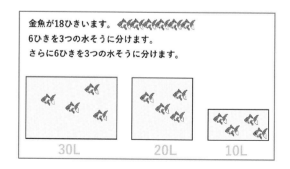

全部で12匹が水槽に入った様子を見ると，子どもたちがつぶやき始めた。ここで何か子どもたちに聞こうかと思ったが，そのまま，次の6匹が水槽に入る映像を見せた。

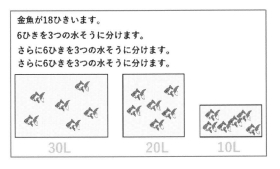

金魚が18ひきいます。
6ひきを3つの水そうに分けます。
さらに6ひきを3つの水そうに分けます。
さらに6ひきを3つの水そうに分けます。

30L　　20L　　10L

上のように，3つの水槽に18匹の金魚を分けていった。上の様子を見て，笑う子どもも出てきた。

このように見せていくことで，子どもたちがどのように感じるのかを事前に考えていた。「30Lの水槽は金魚たちにとって広く見えるけど，それに比べて10Lの水槽は狭く見える」とか「10Lの水槽の中の金魚たちは，かわいそう」というようなことを，子どもたちは考えるのではないだろうかというのが，授業前にわたしが考えていたことである。

「かわいそう」という言葉を引き出すことができれば，「どうしてかわいそうなの？」と尋ねることができる。このように聞いていけば，「だって，10Lの水槽は狭い」「1匹あたりの水の量が少ない」などという言葉を引き出すことができる。そうすれば，「どうして狭いと言えるの？」というやりとりをすることもできて，子どもたちから式が出てくるだろうと考えた。では，子どもたちから「かわいそう」「狭い」という言葉を引き出すために，どのように問えばよいだろうか，というのがわたしが悩んだことである。

わたしは18匹の金魚を分けた後，子どもたちに，「金魚たちはどんな気持ちになっているだろうね」と言った。

遠回りかもしれないが，このようなことを問うことで，結果的に子どもたちからは，「10Lの水槽の金魚がかわいそう」「1匹あたりの金魚が使える水の量を同じにしたい」という言葉が出てきた。

6匹ずつ分けていったのは，子どもたちに「10Lは1匹，20Lは2匹，30Lは3匹ずつ分けていけばよい」といってほしかったからである。

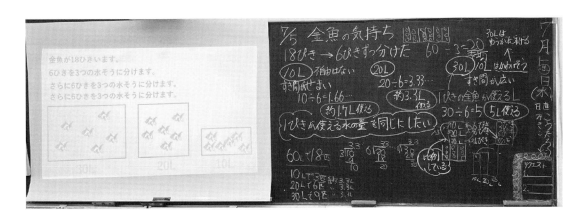

ビルドアップ型問題解決学習

「計算の性質」を活用できる子供に育てる
その3
—「ひき算」の概算を通して—

大野　桂

■「概算」を通して「計算の性質」を活用する子供に育てる

「概算」を実行するとき人は，切りよくおおよその数を捉え，計算を簡単にしようとする。この自然な行為を最大限に活用し，その中にあらわれる「式と答えの関係」，すなわち「ひく数が大きくなると，答えは小さくなる」といったひき算の性質を用いた考えを引き出し，柔軟に計算の仕方を見出させていこうというのが本実践である。それでは，授業の具体を述べていく。

■「切りよくおおよその数を捉える」姿を引き出す

たし算の場面と同様に，本実践も28−9の式を板書してすぐ，「だいたいいくつかな？その答えだけをノートに書いてごらん」という発問から授業はスタートした。すると，「2つの答えを書いてもいい？」という反応が間髪入れず返ってきた。2つ書くことを了承し，子どもたちがノートに書いたのを確認してすぐ，だいたいいくつにしたかを問うた。返ってきた答えは，「18」「20」だった。

まさに，「切りよくおおよその数を捉え，計算を簡単にしようとする」，すなわち「概算」をしたのだと私は判断した。

■9を10とみて概算をする意味を考える

まずは，「だいたい18」と考えた理由を明らかにすることに着手した。

「どうやってだいたい18と出したの？」と問うてみると，やはり思ったとおりで，「9はだいたい10でしょ」という反応が返ってきた。

そこでさらに，「だいたい10だと何かいいことがあるの？」と問い返すと，「10はラッキーでしょ」との返答であった。「10がラッキー」の理由を問うと，「9を10としたほうが引き算は，簡単だから，28−10にした」という計算の簡潔性を述べ，「だいたい18は28−10＝18と求めた」と結論付けた。

ちなみに，2桁−2桁の計算は授業でははじめてだったので，子どもたちと計算の仕方を丁寧に確認した。

■概算した意味を捉え，概算の答えを調整することで正答を求める

ここで，「だいたい18なのは分かったけど，じゃあ，正しい答えは何なの？」と正答を聞いてみた。なぜなら，「だいたい」の答えから正答を求めようとする姿が表出すると考え

たからである。そしてその行為にこそ，「式と答えの関係」，本時でいえば，「引く数が大きくなると，答えは小さくなる」というひき算の性質を用い，柔軟に答えを見出そうという，育みたい子どもの姿が表出すると考えていたからである。

　私の正答を問う発問に対し，間髪入れずに表出した反応は「正しい答えは19」であった。子どもたちの反応速度が速かったので，「28－9」をしたのではなく，「だいたいの答えである18に1を足す」という「18＋1」で求めた子どもが多数であると判断した。それを確かめるべく，私は，「28－9のひき算をして19と求めたんだよね！ずいぶん計算がはやくできたね」と逆を問う発問をしてみた。想定通り，「ちがう」という反応が返ってきた。間髪入れずに，「えっ，ちがうの？　じゃあ，どうやって18と求めたの？」と問い返すと，「だいたいの18に1を足した」という反応が返ってきた。

　まさに，「ひく数が大きくなると，答えは小さくなる」という計算の性質を用いたことを示す反応であった。多くの子どもたちは，この発言を聞き「そうそう」と頷いていた。

　この考えを全体に広げ，確実な理解を促すべく，「頷いている人が多いけど，どうしてだいたいの答えの18に1を足すの？」と，深掘りをする問い返しをしてみた。

　「ひく数の9を10にしたということは，1多く引いたということだから」という反応が返ってきた。その反応を受け，さらに私は，「1多く引くと，どうして答えに1を足さな

いといけないの？」と問い返した。この問い返しに対し，顔を曇らせる子どもが何人か表れた。そこで，「隣の人と，どうして1をたす必要があるのか相談してみて」と話し合いの場を設けた。子ども同士が相談し合う姿はとても活発で，顔を曇らせていた子どもも理解が進んでいるようであった。

　相談が落ち着いた頃合いで，子どもたちに説明を求めると，次のように話してくれた。

> ひく数の9を10にしたということは，1多く引きすぎたということでしょ。ということは，答えの18ももとの式の答えより1小さくなったでしょ。だから，正しい式の答えに戻すには，だいたいの答えを1多くしてあげなきゃいけない。だから，だいたいの答えの18に1足して19と正しい答えを求めた

　とても丁寧な説明であった。私はこの説明を次のように板書でまとめた。

　私は授業の最後に，授業で心に残ったことを題名するという，まとめの活動を毎時間行っている。題名は，黒板の一番左上に最後に書くのだが，本時，子どもがきめた題名は，次のものであった。

㊽(1/27) ひきすぎたら1たす

　「計算の性質」を示すよい題名であった。

TANAKA Hidemi

AOYAMA Shoji

MORIMOTO Takashi

OHNO Kei

NAKATA Toshiyuki

SEIYAMA Takao

NATSUSAKA Satoshi

平行を説明するために長方形の対角線を使って考える

― 4年「平行のある四角形」 ―

中田　寿幸

　垂直と平行を学習した後に行った「平行のある四角形」の導入である。

　5×5のドットを示し，次のように聞いた。

　『点と点を4本の直線で結んで，平行のある四角形をつくろう』

　平行をつくりながら，四角形をかいていく。

　正方形と長方形は4つの角が直角なので，「1本の直線に垂直に交わる2本の直線は平行である」という定義に基づいて，「辺と辺が垂直に交わっているから平行」と説明された。

　等脚台形も縦に1本の直線を引けば，2本の直線は垂直に交わることがわかる。

　ところが，右のような並んだドットに沿って伸びていない辺が平行になっているのかどうかの説明に困る子がいた。

　「見た感じ平行だよ」と両手で2本の直線がどこまで延ばしても交わらないことを示していく。「同じ傾きで伸びているんだから平行だよ」と感覚的に平行を捉えている子の発言がある。

　「平行だなという感じは分かる。でも本当に平行なのかねえ」と聞き返す。すると「角度を測ればいい」という発言が出る。

　「1本の直線に同じ角度で交わる2本の直線は平行」という平行線の性質から角度を測ることで，平行であることを説明する子がいる。これには多くの子が納得した。測ってみると確かに同じ傾きになる。

　ここで，角度を測らなくても平行であることが分かるという子がいた。

　「この辺とこの辺が同じ向きを向いていることが分かればいいんだから」と向かい合う辺を指し示す。そして「ここにできる長方形とここにできる長方形が同じ形だから」と向かい合う直線が対角線になる2つの長方形をかいて示した。同じ長方形が同じ方向に並んでいれば長方形の真ん中の直線も平行になると考えたのである。

　この「長方形を使って平行を確かめる」方法が他の形でも使えるのか試してみた。長方形が重なってしまうと見えにくくはなるが，向かい合う辺の平行は確かめられる。

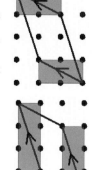

　「これならいちいち角度を測らなくてもわかるね」と角

度を測って平行を確かめていた子が長方形を
かく方法のよさについて説明した。

ここで，「向かい合う対になる頂点（角）
を結んだ直線を対角線と呼ぶ」ことを教えた。

こうして，2本の直線が平行かどうかは調
べたい2本の直線が同じ向きの長方形の対角
線であれば，角度を調べなくてもわかること
がわかった。

ところが台形のときに
困った子がいた。大きさ
の違う長方形になってし
まう。同じ形（相似）の
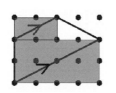
長方形だから平行なはずと主張する子がいる
が，同じ（相似）かどうかはわからない。す
ると右のように同じ大き
さの長方形で調べれば，
同じ向きであることがわ
かった。直線は伸ばしても縮めても向きは変
わらないという説明もあった。

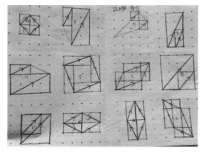

上のプリントは子どもたちがつくった平行
のある四角形をまとめたもののうちの1枚で
ある。この子は向かい合う辺を同じ色にして
長方形をかいている。それでも長方形が重な
って元の四角形が見えにくくはなっている。
しかし，感覚的に平行と捉えていた直線が明
らかに平行であることが長方形の位置で理解

できる図になっている。

子どもたちは問題にしていなかったが，ひ
し形の向かい合う辺が平行かどうかを調べた
形は右のようになっ
ている。向かい合う
平行な直線が対角線
になるように長方形
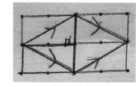
をかくことで，ひし形の面積を求めるときに
使える大きな長方形が表れた。この活動がひ
し形の面積を求めるときの素地となっていく
ことを感じた。

次の時間に平行四辺形の向かい合う辺の長
さが等しいことを調べる場面があった。定規
で長さを調べようとしたところ，「定規で辺
の長さを調べなくても辺の長さが等しいこと
がわかる」という子がいた。

どうするのかを聞くと「向かい合う辺が平
行かどうかを調べるときに，長方形をかいて
調べた。あの長方形は2つとも同じ形なので，
対角線の長さも等しいはずである」というの
である。

平行四辺形を書いて長さを調べて帰納的に
向かい合う辺の長さが等しいと導くつもりで
あったが，前時の長方形の対角線を使って考
えてきたことが平行四辺形の向かい合う辺の
長さが等しいことの説明にも使えたのだった。

ただし，この長方形の対角線で平行を調べ
る方法は，数時間後には面積が半分の直角三
角形をかくことで考えるようになっている。
しかし，長方形の対角線を使って調べた過程
で学んだことはこのあと，多方面で生かされ
てくると考えられる。楽しみである。

TANAKA Hidemi

AOYAMA Shoji

MORIMOTO Takashi

OHNO Kei

NAKATA Toshiyuki

SEIYAMA Takao

NATSUSAKA Satoshi

数学的活動における2つの振り返り
―5年生　図形の角―

盛山隆雄

1 問題提示

　子どもたちが慣れ親しむパターンブロックを使って問題を作ったことを伝え，下のような図を提示した。「正六角形に正方形を70°の角度で重ねたとき，角アは何度か」という問題である。

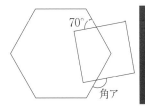

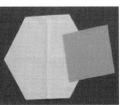

【実際に提示した図】

　問題の意味を理解したら，考える時間を十分にとった。途中から自由に交流する時間も取り，子どもたちは思い思いの方法で解決の仕方を考えていった。

2 多様な考え

　子どもたちの考えをいくつかご紹介するが，これらの考えは，想定していたものである。なぜなら，図形の内角の和や平行線の性質が既習であり，特に平行線の性質については，補助線を引いて平行線をつくり，問題解決をする経験をしてきていた。

　本時は，図形の角の単元の活用問題としての位置づけなので，次のような解決の仕方が現れたと考えられる。

① 図1は，五角形に着目し，五角形の内角の和を活用して求めたものである。

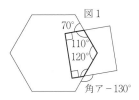

> 五角形の内角の和や対頂角を活用して角アを求める。
>
> 　　540 − （110 + 120 + 90 + 90）＝ 130
> 　　対頂角は等しいので，角アは130°

② 図2は，正六角形の辺を延長し，同位角や三角形の内角の和を活用して求めたものである。

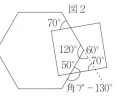

> 図2のように正六角形の辺を延長して，できた三角形に着目する。
>
> 　　180 −（70 + 60）＝ 50
> 　　180 − 50 = 130　　だから，角アは130°

③ 図3は，正方形の辺に平行で正六角形の頂点を通る直線を補助線として引き，平行線の性質を活用して求めたものである。

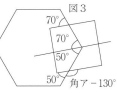

> 図③のように平行線を引く。同位角が等しいので，70°や50°の角と等しい角を見出し，最後は180 − 50 = 130　として角アは130°

③ 振り返りⅠ

　1つ目の振り返りは，授業の途中に子どもたちの発想の源を問うために行った。

「（③の考えについて）どうしてこのような線を引こうと考えたの？」

と問い返した。この問いかけに，

「同位角や錯角が使えないかと思ったから」

という言葉が返ってきた。こういった角度を求める問題では，1つの見方として，「平行線の性質が使えないかな」と考えることが大切である。授業後であったが，同じことを，②の考えについても問うと，「70°の同位角が見えたから」と言っていた。

④ 振り返りⅡ

　多様な考えが共有されたとき，問題を発展させて考えてみることになった。子どもたちからは，「正六角形を正五角形にしてみよう」とか，「角度を80°に変えてみたい」といった発言が出た。

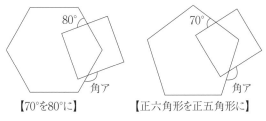

【70°を80°に】　【正六角形を正五角形に】

　そこで，最も意見が多かった図形を正五角形に変更して考えてみることにした。この発展的な考察がどうして振り返りなのか，と質問されたことがある。その答えとして考えられるのは，問題を発展させて考えるときに，必ず元の問題のときに成功した考えを用いようとするからである。そのまま使える場合もあれば，新しい考えを付加させる場合もある。

いずれにしても原問題で使えた考えがもとになることがほとんどなので，振り返りとして位置づけられている。

　さて，ある子どもの考えをご紹介する。発表しようとした子どもに，「①〜③のどの考えを使おうとしたの？」と問うと，「①の考えを似ている」と言った。しかし，説明を聞いてみると，クラスの友達を驚かせる考えであった。

「僕は，①の考えと同じように，この五角形に着目しました。さっきの六角形の問題と比べると，

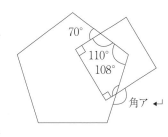

90°が2つと110°は同じです。違うのは，120°が108°に12°減ったところです。五角形の内角の和は540°で同じだから，この角が12°減ったということは，角アと同じこの角は，12°増えるはずです。だから，130°＋12°＝142°だと思います。」

　この説明を聞いて理解できたとき，クラスで「おー」といった歓声と拍手が起きた。それぐらい感動したのだ。

　どうしてこのような考えを思いついたのかを尋ねると，次のように話していた。

「もともと六角形の問題の時に公式を作ろうと周りの友だちと話していた。問題が五角形になったとき，いつも変わらない角と変わる角が目についたから思いつきました。」

　数学的な見方・考え方を育てるには，途中の振り返りが大切と考えている。

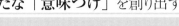
新たな「意味づけ」を創り出す授業

細長い紙を折ってできる角

夏坂哲志

対頂角，同位角，錯角

小学校4年生の角の学習の中で，次のような問題が教科書で扱われている。

【問題】⑩の角度は何度でしょうか。

図1

2本の直線が交わった部分の角度が1つだけわかっているときに，残りの角度を計算で求める問題である。ここで私は「対頂角」という用語を教える。「覚えなくてもいいけど，説明の時に使えると便利だね」と言って。

同様に，中学校で扱う用語だが，使えると便利な言葉はいくつかある。

2本の直線に交わる角度の関係を表すときに使われる「同位角」や「錯角」も平行の学習の中で教える。

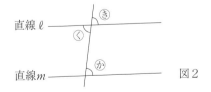

図2

もし，図2の直線ℓと直線mが平行ならば，⑯の角度を変えずに直線mをそのままエレベーターのように上に移動させていくと，直線mは直線ℓと重なる。つまり，⑯と⑧の角度は同じになると子どもは説明する。こ

のことから，2本の直線が平行ならば同位角は等しくなることに納得する。さらに，角⑧は角⑧の対頂角であることから，角⑯＝角⑧＝角⑧であることも説明できる。

図形の中に平行な直線を引き，そこに同位角や錯角を見いだすことができれば，「こことここは角度が等しい」のように説明することが可能になる。このような関係を見出すことによって，図形の見方はより豊かになり，論理的な思考力が育つと考える。

② 紙を折ってできる角と直線

平行な2本の直線と，そこに交わる直線とでできる角について考える場を設定してみた。図3のように細長い長方形の紙をななめに折ったときに重なる部分の形はどんな形になるのかを考える問題である。

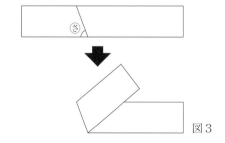

図3

最初は考えやすいように，角⑧の部分に三角定規の45°の角を置いて線を引き，その線を折った場合について考察した。この場合は，紙が重なった部分の形は直角二等辺三角形に

なる。（図4）

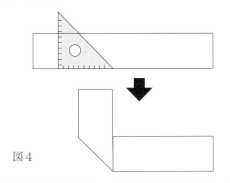

図4

「折る角度を変えてみよう」と言うと，子どもは，三角定規の角である「30°か60°」でやってみたいと言う。

いずれの場合も，折ったときに重なる部分の形は二等辺三角形になる。そのことを，子どもたちは角に着目して，次のように説明していった。

紙を㋐の角度で折ったときに重なる部分は図5の三角形ABCになる。

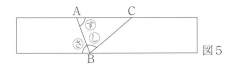

図5

角㋑は，折ったときに角㋐と重なる部分なので，角㋐＝角㋑となる。また，紙の帯の上の辺と下の辺は平行で，角㋐と角㋒は錯角なので等しくなる。これらのことから角㋐＝角㋑＝角㋒であることがわかる。

三角形ABCは2つの角度が等しい三角形なので，二等辺三角形であると言える。これは，角㋐の角度が90°未満であればいつでも成り立つ。（角㋐＜45°のときは1つの角が鈍角の二等辺三角形，角㋐＝60°のときは正三角形となり，角㋐＝90°のときは三角形はできず長方形になってしまう。また，角㋐＞

90°の場合にも二等辺三角形ができるが，図5をひっくり返したような形になる。）

3 さらに折ってみると……

図3のように折った後，さらに，右側にはみ出た部分の上の辺を図5の直線BCに合わせて折ると，図6のようになる。

この後，それを開くと，図7の直線CDが折り目として残る。

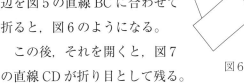

図6

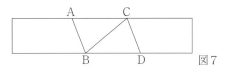

図7

これを見た子どもたちは，「直線ABと直線CDは平行ではないか？」と言い出した。少し難しい問題ではあったが，子ども達は同位角や錯角を使って，このことを見事に説明することができた。

4 平行のある四角形の学習につなげる

図7を黒板に貼り，「四角形が見えるかな？」と問いかけてみた。すると，「3つ見えるよ」「いや，4つ見える」というように，この図の中に見える四角形の数を子ども達は考え始めた。

紙の上下の辺は平行なので，どの四角形も平行のある四角形である。

調べてみると，長方形が1つ，平行が1組だけの四角形（台形）が6つ，そして，平行の組が2組ある四角形（平行四辺形）が1つの計8つ。この後，これらの四角形について学習を進めていくことにした。

〔参考〕『指導と評価』令和5年8月号（図書文化社）

ⓘ 算数授業情報

<small>information</small>

629

定期購読者限定
『算数授業研究』公開講座（オンライン）

日　時：9月9日（土）13:30〜16:00

13:30〜　授業ビデオ公開

　　　　　◆5年「単位量あたりの大きさ」

　　　　　田中英海

14:20〜　協議会

　　　　　司　会：青山尚司

　　　　　パネリスト：夏坂哲志，盛山隆雄

15:10〜　選択型講座

・「対称な図形を楽しむ子どもを育てる」
　中田寿幸

・「計算のきまりを活用する子どもを育てる」
　大野桂

・「合同を楽しむ子供を育てる」森本隆史

・「比例を活用する子どもを育てる」
　青山尚司

630

第76回
『算数授業研究』公開講座

日　時：10月21日（土）

授業者：森本隆史，大野桂

631

オール筑波算数スプリングフェスティバル

日　時：3月2日・3日（土・日）

授業者：田中英海，中田寿幸，盛山隆雄

講　演：森本隆史

632

第21回
『算数授業研究』GG ゼミナール
（オンライン）

日　時：8月27日（日）9:30〜12:00

テーマ：2学期の算数をもっともっと
　　　　おもしろくする教材と指導技術

担　当：中田寿幸，田中英海

詳　細：

　授業ビデオを見ながら夏休み明けの授業を面白くする教材，指導技術について解説します。

633

第22回
『算数授業研究』GG ゼミナール
（オンライン）

日　時：1月13日（土）14:30〜17:00

テーマ：未定

担　当：盛山隆雄，大野桂

634

雑誌『算数授業研究』　SNS

SNSはじめました

雑誌『算数授業研究』と関連イベントの情報を発信します

facebook

算数授業研究

Instagram

算数授業研究

筑波大附属小学校算数部 × 東洋館出版社

635

雑誌『算数授業研究』
　　　　定期購読者募集！

ⓔ 編集後記

editor's note

◆オール筑波サマーフェスティバルの３年ぶりの対面開催ができた。全国から集まった講堂を埋める多くの先生方。そして，算数部OBの細水保宏先生，田中博史先生，山本良和先生が集った。子どもたちが躍動する授業，厳しい意見や熱い議論。元気が出る夏の風物詩だ。

◆一人よりも協働で学べるよさを明らかにしようとした「特集　集団検討で学びを深める」。瀧ヶ平先生には，数学的コミュニケーションの「創発」について論じていただいた。情動的な経験と他者の表現との出合いの場をつくりだすこと。松山先生からは，最近耳にする「心理的安全性」という視点から算数授業を支える集団づくりについて論じていただいた。教師の働きかけの種類，価値付け方は，自分の関わりを見直す視点となるだろう。

◆対面開催の研究会は，コロナ禍の研究会のように一人パソコンの画面の前ではない。協議会後に授業や教材について，仲間と一緒に話し合える。子どもたちとこんな授業がしたい！　心が躍り，仲間と語り合いたくなった。まさに大人の集団検討のよさを感じた。まだ対面の研究会に行ったことのない方は，ぜひ筑波附小の講堂にお越しください。

◆上の会では，「算数授業研究」誌もたくさん手に取ってもらい，お陰様で定期購読者も増えた。仲間を６名集めていただければ，支部として算数部員が勉強会に参加できる。一緒に算数授業の研究を盛り上げていきましょう。

◆最後になりましたが，編集作業を粘り強く支えてくださっている東洋館出版社の石川夏樹様には，厚く御礼を申し上げます。

（田中英海）

ⓝ 次号予告　No.149

next issue

特集　自立した学び手を育てる指導に活きる評価

「評価問題はやらないのですか？」と質問されることがある。ここで言う「評価問題」とはどのようなものを指すだろうか。授業の終わりに適用問題を配付して定着度を見るという例も耳にするが，時間的に難しく，効果もそれほど望めない。

自立した学び手の育成を志向するとき，協働的な学びの中で，個々の学びを保障していくことが求められる。そのための評価はどうあるべきなのか。その目的と方法について問い直してみたい。

ⓢ 定期購読

subscription

『算数授業研究』誌は，続けてご購読いただけるとお得になる年間定期購読もご用意しております。

■ 年間購読（６冊）5,292円（税込）
　［本誌10%引き！　送料無料！］
■ 都度課金（１冊）980円（税込）
　［送料無料！］

お申込詳細は，弊社ホームページをご参照ください。

定期購読についてのお問い合わせは，弊社営業部まで（頁下部に連絡先記載）。　　　https://www.toyokan.co.jp/

算数授業研究 No.148
2023年８月31日発行

企画・編集／筑波大学附属小学校算数研究部
発　行　者／錦織圭之介
発　行　所／株式会社 東洋館出版社
　　　　〒101-0054　東京都千代田区神田錦町2丁目9番1号
　　　　　　　　　　　　　　コンフォール安田ビル２階
　　　　　電話　03-6778-4343（代　表）
　　　　　　　　03-6778-7278（営業部）
　　　　　振替　00180-7-96823
　　　　　URL　https://www.toyokan.co.jp

印刷・製本／藤原印刷株式会社
ISBN 978-4-491-05344-8　Printed in Japan

見やすい二色刷り

1 表とグラフ
2 たし算
3 ひき算
4 長さ
5 100までの数
6 かさくらべ
7 時こくと時間
8 三角形と四角形

本時案

おはじきは全部で何個あるのかな？ 11/11

本時の目標
・3口のたし算場面を通して、たし算の交換法則と結合法則が成り立つことや、式の中に（　）を用いる意味を理解することができる。

本時の評価
・たし算の交換法則が成り立つことを理解することができたか。
・たし算の結合法則が成り立つこと及び（　）を用いて式を表す意味を理解することができたか。

準備物
・おはじきの数を書いたカード

授業の流れ

1 全部で何個あるでしょう？

5+15=20　30+15=45
20+30=50　45+5=50
30+5=15=50　5+15+30=50
30+15=50　15+5+30=50

問題場面を提示し、おはじきの個数を書いた3つのカード（30、5、15）を見せる。子どもは、たし算の場面だと判断し、個数を求める式を書く。そしておはじきの数は、2つの式でも1つの式でも求められること、足す順番が変わっても答えは同じだということを確かめる。

何色のおはじきの数から足してもよいので、たし算の交換法則が成り立つ意味が理解しやすい。

2 たし算は順番が変わっても答えは同じだから…

19+36+□
36+19+□　□+36+19

もう1組のおはじきの数（36、□、19）を示す。ところが、1つの色のおはじきの数は決まっていない。後で数を決めることを伝え、1つの式に表すことにする。

3 「36+□+19」の計算が簡単にできる数を入れよう！

どうしてその数にしたのかな？
この数だったらどうして簡単なのかな？
なるほどね。その数にした気持ちが分かる。

36+1+19
36+4+19
36+5+19
36+0+19

「36+□+19」の□の中に、この数だったら簡単に計算できると思う数を書き入れさせると、上のような数を入れている。

4 どうしてその数にしたのかな？

友達が□の中に入れた数の意味を考える。

「1」は「1+19=20」になるから簡単だと言う。また、「4」の場合は、「36+4=40」になるから簡単で、どちらも足すと一の位が0になる数にしていることが分かってくる。

さらに「5」の場合は、これを4と1に分けて、「36+4=40」と「1+19=20」にしていることも理解される。

○月□日（△）

3色のおはじきがあります。ぜんぶで何こあるでしょう。

たし算

|5|
|30| |15|

5+15=20　30+15=45
20+30=50　45+5=50

30+15+5=50　30+5+15=50

1つのしき　　じゅんばんがちがう

5+15+30=50　15+5+30=50

たし算はじゅんばんがかわっても答えは同じ

19　36　□

36+19+□=
19+36+□=
□+36+19=

どれでもいいね

36+□+19

この数ならかんたんだな！

36+20

36+（1+19）=56
（36+4）+19=59
40+19

36+0+19=55

（　）→ 先に計算するしるし

36+5+19=60

(36+4)+(1+19)
40　　20

ひっ算しなくてできるの？

まとめ

たし算は足す順番を変えても答えは変わらないこと、そして、3口のたし算の場合に右側から先に計算しても左側から計算しても答えは変わらないことを確かめる。また、3口のたし算で先に計算することを表す記号に（　）があることを教える。

36+（1+19）=56
（36+4）+19=59
36+5+19=(36+4)+(1+19)=60

各巻1本の授業動画付

1年(上) 中田 寿幸 「とけい」第2時

2年(上) 山本 良和 「たし算」第11時

3年(上) 夏坂 哲志 「わり算」第10時

4年(上) 大野 桂 「倍の見方」第1時

5年(上) 盛山 隆雄 「小数のわり算」第1時

6年(上) 尾﨑 正彦 「対称な図形」第1時
関西大学 初等部 教諭